九型人格

安泽——著

古吴轩出版社
中国·苏州

图书在版编目（CIP）数据

九型人格 /安泽著. -- 苏州 ： 古吴轩出版社，
2020.4
ISBN 978-7-5546-1533-1

Ⅰ. ①九… Ⅱ. ①安… Ⅲ. ①人格心理学—通俗读物
Ⅳ. ①B848-49

中国版本图书馆CIP数据核字（2020）第022053号

责任编辑： 蒋丽华
见习编辑： 闫毓燕
策　　划： 马剑涛
装帧设计： 尧丽设计

书　　名： **九型人格**
著　　者： 安　泽
出版发行： 古吴轩出版社
地址：苏州市十梓街458号　　邮编：215006
电话：0512-65233679　　传真：0512-65220750
出 版 人： 尹剑峰
印　　刷： 唐山富达印务有限公司
开　　本： 880×1230　1/32
印　　张： 6
版　　次： 2020年4月第1版　第1次印刷
书　　号： ISBN 978-7-5546-1533-1
定　　价： 42.00元

前言

PREFACE

人是社会性动物。想在社会上生存，我们每天必须花费大量的时间和精力，用来与身边形形色色的人打交道。

现实经历中，我们有时觉得某些人跟自己“话不投机半句多”，有时又觉得某些人跟自己相见恨晚；某些人让我们觉得生活充满阳光，某些人却让我们觉得生活是那么累。实事求是地讲，我们对身边的人并没有那么了解，也不知道对方究竟在想些什么，或是为什么会做出某种举动。甚至，我们对自己也不是那么了解，无法克制自己的情绪，觉得自己跟理想中的个人形象相差甚远。出于这些原因，我们常常败在自己的性格缺点上，也不知道自己有哪些优势可以开发，同时还对应付各式各样的人感到苦恼。

不同性格的人有着不同的思考方式和行事作风，在同样的条件下会做出不一样的选择，从而导致不一样的结局。每一种性格都有其优缺点，但能否扬长避短，则需要借助更多的智慧来指导。

九型人格心理学就是一种帮助我们认识自己的学问。作为一门广受关注的应用心理学，它不仅能让我们更好地认识自己，也有助于我们加深对身边其他类型人的了解。

俗话说："江山易改，本性难移。"每个人的性格都是先天因素和后天因素综合影响下的产物，会伴随我们一生。想要脱离自身性格类型来谈自我提升，只会让你觉得越来越别扭。其实，我们要做的并不是根据一个理想模板来改造自己，而是在弄清楚自己的核心性格之后，把自己真实的本色挖掘出来。

按照九型人格心理学的说法，每一种人格类型都包含了丰富的内容。你无法摆脱自己与生俱来的人格类型，但你可以努力让自己的人格保持健康的状态，充分发扬人格优势，并且弥补人格的短板。

本书能帮助读者更好地认清自己、了解他人，找到属于个人的性格密码，从而让自己的人际关系更和谐。

目录

CONTENTS

Part 01 砸开性格彩蛋，你是九型人格中的哪一型

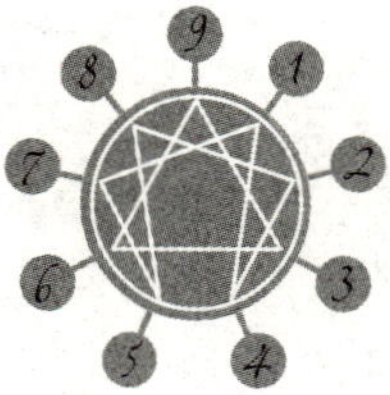

Part 02 蚂蚁型：做到一百分，才算得上完美

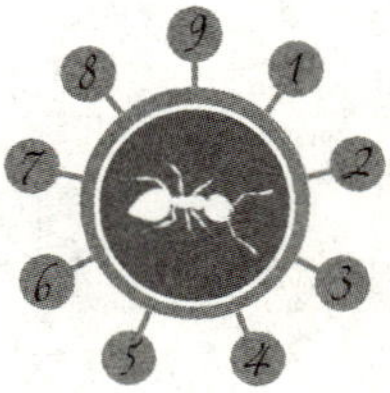

Part 03 猎犬型：给予比接受更让人感觉快乐

Part 04 雄鹰型：实干是成功的必经之途

Part 05 天鹅型：品味心灵孤独，追寻真实自我

Part 06 猫头鹰型：深度思考，洞察世界本质

Part 07 羚羊型：谨小慎微，对一切充满质疑

Part 08 蝴蝶型：将冒险和尝新进行到底

Part 09 狮子型：王者风范，个人权威不可动摇

Part 10 海豚型：以和为贵，大度包容天下事

附录

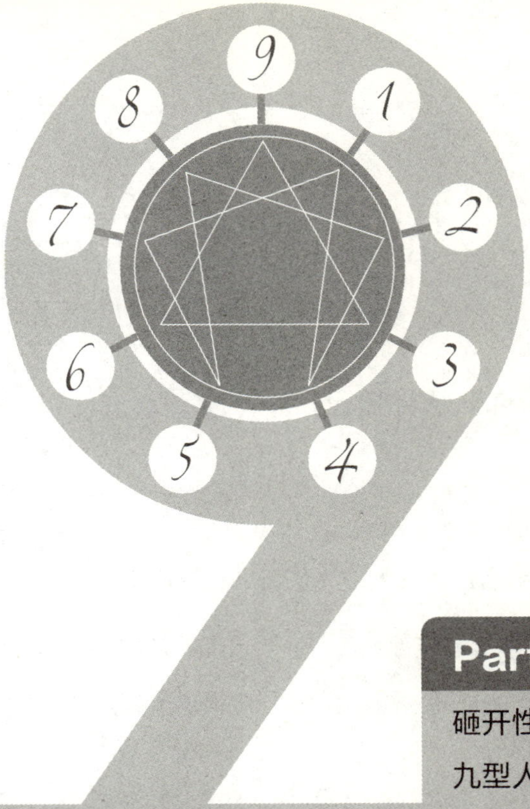

Part 01

砸开性格彩蛋，你是九型人格中的哪一型

性格测试，帮你认清你自己

下面共有9组描述，每组描述代表一种性格类型，认真读一读，看看哪组描述最符合自己的实际情况。你选出的跟自身情况最相符的那一组，很可能就是你的主人格类型。

A组

⊙对那些无法完成分内之事的人，我常常深感失望和愤怒。

⊙我不想做一个总是批评别人的人，但是几乎做不到。

⊙大多数情况下，我的表情都是严肃而生硬的。

⊙我通常对自己非常苛刻，渴望不断改善自己的不足，努力成为完美的人。

⊙我讲道理，重实用。

⊙我渴望所有的事情都井然有序，但别人会觉得我过分执着。

⊙对别人做的事，我总是不放心，批评他们之后，干脆自己动手做。

⊙我对细节太苛刻，导致影响了效率。

⊙相较于稳定和依赖的关系，我更喜欢刺激和紧张的关系。

⊙我是一个循规蹈矩的人，秩序对我而言有着十分重要的意义。

⊙假如我想要结束一段关系，我不是直接告诉对方，就是激怒对方，让其主动离开我。

⊙我不善于说甜言蜜语，而且别人会觉得我啰唆个没完。

⊙我不习惯别人热情的付出。

⊙我好像不太懂得幽默，说话做事缺乏弹性。

B组

⊙我常常四处奔走，处处帮助别人。

⊙我待人热情且耐心十足。

⊙对我而言，帮助别人得到最大的快乐和成功是最重要的成就。

⊙当我热心付出时，如果别人不能欣然接受，我便会产生挫败感。

⊙很多情况下，我都会有强烈的落寞感。

⊙人们很喜欢向我倾诉他们所遭遇的问题。

⊙我知道怎么让别人喜欢上我。

⊙我很容易注意到别人的功劳和长处。

⊙我遇到困难的时候，会想方设法地隐瞒。

⊙相比于接受，施予能给我带来更大的满足感。

⊙如果无法给别人提供帮助，我会觉得很痛苦。

⊙我总是付出多于接受。

C组

⊙我渴望成为主角，受到众人的关注。

⊙我天生就是当推销员的料，可以轻而易举地说服别人。

⊙我喜欢推销自己，而且从没觉得这有什么羞于启齿的。

⊙我争强好胜，喜欢跟别人比个高低。

⊙我做事效率很高，也会寻找捷径，模仿力很强。

⊙一般来说，我看不到别人的功劳和优点。

⊙我性格外向，精力十足，喜欢不断追求，这会让我自我感觉良好。

⊙有的时候，我会为了追求效率而牺牲完美和原则。

⊙别人会说我总是戴着面具做人。

⊙我总是夸奖自己，对自己的能力充满信心。

⊙我通常可以保持兴奋的情绪。

⊙我喜欢将自己所做的事和所知道的一切都告诉别人。

D组

⊙我是个非常情绪化的人，一天的喜怒哀乐反复无常。

⊙我很难找到一种能让我真正感到被爱的人际关系。

⊙我的创造天分和艺术想象力极强，喜欢把事情做出新意。

⊙我期待拥有完美的心灵伴侣。

⊙对我来说，被人误会是一件非常痛苦的事情。

⊙生活中的许多悲伤和不幸，我都能触碰到。

⊙我觉得自己有许多方面亟待提高。

⊙许多时候，我觉得自己已经被身边的人遗弃了。

⊙我经常以忧郁的面目示人，心中满是痛苦且沉默寡言。

⊙我的思绪不定，常常不知道自己下一刻想要什么。

⊙第一次和陌生人会面时，我会表现得冷漠且高傲。

⊙我对各种感受敏感而深刻，并对那些总是很快乐的人产生怀疑。

E组

⊙一般情况下，我都是等别人来接近我，而不是我去接近他们。

⊙我性格被动且优柔寡断。

⊙我的包容性很强，非常有礼貌，但是很难和别人进行深度的情感互动。

⊙我讨厌那种必须对人尽义务的感觉。

⊙我独断专行，喜欢靠自己的能力解决所有问题。

⊙如果无法把观点阐述得完美无瑕，我宁可什么都不说。

⊙我对宇宙的规律和人生的哲理很感兴趣。

⊙如果有人向我提出广泛而笼统的问题，我会觉得很反感。

⊙如果有人向我请教问题，我会给出细致入微的分析。

⊙在人群中，我常常觉得害羞和不安。

⊙我对大多数的社交集会都没有兴趣，除非是我熟识并喜爱的少数人。

⊙我不喜欢那些侵略性太强或过度情绪化的人。

⊙我不希望别人了解我的想法和感受，除非我自己打算告诉他们。

F组

⊙我总是设想最糟糕的结果，这让我深陷苦恼之中。

⊙我经常想办法去考验朋友和伴侣对我的忠诚度。

⊙有时，我乐见自己成为权威；有时，我又难以决断，想依赖别人。

⊙受到威胁时，我会变得焦虑，但不会因畏惧而屈服。

⊙做人虚伪是我最讨厌的一件事。

⊙有时，我很希望有人指导我；有时，我会忽略别人的忠告，只做自己想做的事。

⊙面对重大危机，我往往不会自我否定和焦虑。

⊙一旦我沉迷于工作或较为擅长的领域，别人会觉得我异常冷漠。

⊙我常常对周围的人或事保持警醒。

⊙我是一位忠诚的朋友和伙伴。

⊙有的时候，我会惹恼对方，引发一场争吵，实际上我只是想试探对方是否爱我。

G组

⊙通常来说，我制订的计划往往比实际完成的多得多。

⊙我喜欢过丰富多彩、充满变数的生活。

⊙我很重视自己是不是看起来年轻，因为年轻是享受生活的资本。

⊙我总是觉得许多事情都充满乐趣，人生到处洋溢着快乐。

⊙有的时候，我会放纵一下，做出超出本分的事。

⊙对美食、服装等感官需求，我有着强烈的渴望，经常纵情娱乐。

⊙我只喜欢和有趣的人交朋友，不想理会闷头闷脑的人，即便他们看起来很有深度。

⊙我害怕失去自由，所以不喜欢向人承诺。

⊙我很少用心去感受别人的心情，只喜欢说俏皮话和笑话。

H组

⊙我追求光明正大，为此不惜与人发生冲突。

⊙我有强烈的正义感，有时会支持弱势的一方。

⊙我乐于接受挑战，喜欢登上顶峰的感觉。

⊙我会竭尽全力去保护我所爱的人。

⊙我喜欢追求效率，讨厌拖泥带水。

⊙如果身边的人行为太过分，我肯定会让他非常难堪。

⊙我争强好胜，因此即便知错能改，身边的人也总能感受到压力。

⊙我喜欢自力更生，什么事情都靠自己。

⊙在某些方面（如食物等），我有放纵的倾向。

⊙我喜欢循规蹈矩地做事，不太喜欢做出改变。

⊙我沉默寡言，给人一种冷漠的感觉。

⊙对那些没法做到像我一样坚强的人，我根本瞧不上，有时甚至用种种方式羞辱他们。

I组

⊙我常常犯迷糊。

⊙对我来说，身体舒适是十分重要的。

⊙我时常忘记自己需要什么。

⊙遇到问题时，我常常拖而不决。

⊙我对家人非常在意，在家里总是表现出忠诚和包容。

⊙对一个我始终无法了解的人，我无法投出信任票。

⊙我不愿和任何人发生争执或冲突，所以即使有人批评我，我也不会回应和辩解。

⊙我喜欢努力去适应别人（包括我的伴侣），而不是与他们对抗。

⊙我并不需要别人给予很多的关注。

⊙我很容易认同别人为我所做的事和所知道的一切。

⊙相较于愤怒，我更容易感到沮丧和麻木。

⊙我生性温和平静，不喜欢自夸，也不爱与人竞争。

⊙我有时善良可爱，有时又粗野暴躁，很难捉摸。

测试结果

A组——1号蚂蚁型（完美主义者）

B组——2号猎犬型（助人者）

C组——3号雄鹰型（实干者）

D组——4号天鹅型（悲情浪漫者）

E组——5号猫头鹰型（观察者）

F组——6号羚羊型（多疑者）

G组——7号蝴蝶型（享受者）

H组——8号狮子型（领导者）

I组——9号海豚型（调停者）

注意：这个测试是静态的，仅仅能为大家提供一个参考结论。人格实际上是动态变化的。所以，这项测试的结果在很大程度上受到你此时的心情、生活状态、测试用时长度等因素的影响。因此，想要深入了解自己的人格类型，还需要对九型人格有比较深刻的理解。

九型人格与九柱图

九型人格心理学家常用九型人格的九柱图（见下图）来表示九种基本人格类型。其中，9号海豚型（调停者）被放在九柱图顶端的正中位置，其余八种人格类型对称分布于九柱图中。图中的箭头代表各种人格类型的整合方向与解离方向，揭示了人格变化的动态。

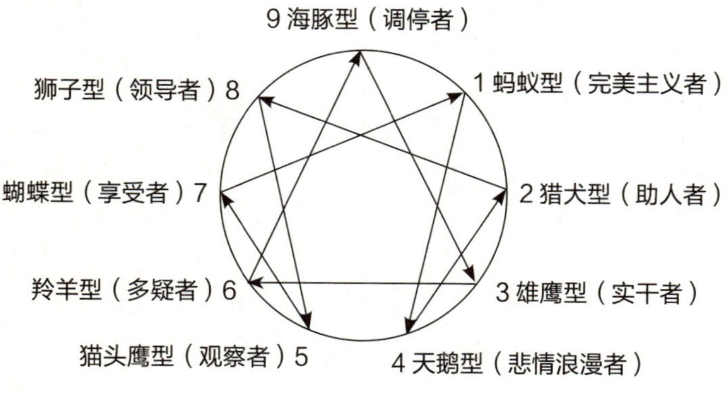

仔细观察九型人格的九柱图，不难发现一个特点：3号雄鹰型（实干者）、6号羚羊型（多疑者）、9号海豚型（调停者）所在的三个位置，正好可以构成一个等边三角形，其余六种人格类型则构成了一个不规则的六角形。

心理学家将3号、6号、9号人格类型定义为核心类型，其他六种人格类型则属于核心类型的两翼。其中，2号和4号是3号的两翼，5号和7号是6号的两翼，1号和8号是9号的两翼。

需要指出的是，虽然每个人的人格都处于动态变化之中，但是每个人的核心人格类型都会伴随其一生。无论一个人发生了什么变化，其核心人格类型都不会随之发生变化。

九型人格的三大中心：心、脑、腹

心理学家葛吉夫、依察诺等人认为，人的智慧是由情感智慧、精神智慧和本能智慧三种形式组合而成的。九型人格心理学家凯伦·韦布则进一步指出，这三种智慧分别对应了人的情感中心、思维中心、本能中心，从而把九型人格划分为心中心、脑中心和腹中心三大类别。

心中心

情感中心与人体中的心脏对应，产生的是情感智慧，因此也称心中心。

属于心中心主导的人格类型有2号猎犬型、3号雄鹰型和4号天鹅型。这三种人格类型者认知世界的方式，往往是从感情出发，通过承载感情的人际关系来影响周围的人和事。

这三种人格类型者在情感智慧方面都十分优秀，能以最快的速度感知和回应他人的心情和需要。他们同时也更加依赖别人的认可来维持自尊，感情波动较大。

脑中心

思维中心与人体中的大脑对应，产生的是精神智慧，因此也称脑中心。

属于脑中心主导的人格类型有5号猫头鹰型、6号羚羊型和7号蝴蝶型。这三种人格类型者认知世界的方式，通常是运用理性的思考。他们借助卓越的精神智慧，也就是超高的智商来降低内心的焦虑程度，以缜密的观察分析能力来处理遇到的各种问题。

无论在什么情况下，这三种人格类型者都能用思考的力量来获得精神上的满足，克服对未知威胁的恐惧。

腹中心

本能中心与人体中的腹部对应，产生的是本能智慧，因此也称腹中心。

属于腹中心主导的人格类型有8号狮子型、9号海豚型和1号蚂蚁型。这三种人格类型者认知世界的方式，一般是借助存在感，因为他们的行动力比心中心和脑中心类型的人更强。

这三种人格类型者都会以自己的力量与地位来争取想要的生活，有足够的耐心和毅力去做事情，并且能够做到坚持不懈。

九型人格的三元组：情感、思维、本能

在九型人格的三大中心的基础上，心理学家又把九种基本人格类型划分为情感三元组、思维三元组和本能三元组。

情感三元组对应着心中心，包括2号猎犬型、3号雄鹰型和4号天鹅型。

思维三元组对应着脑中心，包括5号猫头鹰型、6号羚羊型和7号蝴蝶型。

本能三元组对应着腹中心，包括8号狮子型、9号海豚型和1号蚂蚁型。

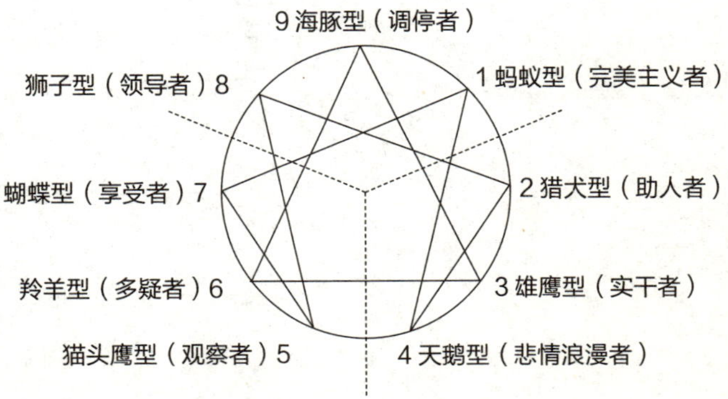

所有人都拥有以情感、思维、本能来适应生活环境的能力。但每个人从童年开始都会以其中一种能力为中心，从而让另外两种能力变得相对边缘化。比如，心中心的人当然也具备思维与本能两种能力，只是因为对情感能力的认同度更高，才变成了情感中心主导的性格类型。

脑中心、腹中心的人也是如此。尽管三种能力在每个人体内共同作用，但有主有次、不断变化，从而达成了不同的平衡关系，演化出我们各自的人格特质。

性格不同，优势也不同

九型人格心理学家把人格分为九大基本类型，然后在此基础上讨论各种人格类型的特征、变化、成因等内容。这九种人格类型分别是：

1号蚂蚁型——完美主义者

他们注重细节，精益求精，几乎对所有的事情都力求尽善尽美，不惜为此呕心沥血。

他们的是非观念和道德观念都非常浓厚，坚定地认为一定要用正确的方法做正确的事。

他们对别人的要求很严格，对自己的要求更是堪称苛刻。

他们不仅批评别人，还会时常自省。有的时候，他们会因害怕犯错而踟蹰不前。

2号猎犬型——助人者

他们极富同情心，对别人的细微变化具有敏锐的洞察力，愿意向别人伸出援手。

他们不断传播爱，也渴望别人能以爱回应自己。

他们颇具奉献精神，愿意为他人付出。

他们会根据别人的需要来调整自己，以求得到对方的认可。

他们希望成为别人生命中不可缺少的角色，希望赢得所有人的喜爱。

3号雄鹰型——实干者

他们善于交际，对成功有着执着的追求。

他们会排除一切困难，追逐对他们而言万分重要的成就感。

他们渴望获得较高的社会地位，受到众人的仰慕。

他们会不断改变自己的角色，社会推崇哪种就变成哪种，以此彰显自己的价值。

他们会为了成功而非常努力，甚至可以放弃真实的自我。

4号天鹅型——悲情浪漫者

他们具有强烈的感性色彩和浪漫主义情结。

他们具有艺术家的气质，期待用艺术和美学来表达自我。

他们性情多变且易冲动，常常自怨自艾。

他们自我意识很强，喜欢孤芳自赏，常出现自我陶醉的状态。

5号猫头鹰型——观察者

他们对思考有着独特的偏好，能在心智领域发挥自己的洞察力。

他们非常理性，感情用事基本与他们扯不上关系。

他们专注而用心，会将所有精力集中于正在研究的问题上。

他们很注重保护自己的隐私，常在感情方面与人保持一定的距离。

他们常在固定的领域发力，为了聚精会神地思考，会在其他领域尽量节省精力和时间。

6号羚羊型——多疑者

他们以怀疑的眼光看待这个世界，换来的只是焦虑和疲惫。

他们常常受到各种矛盾的困扰，各种截然相反的特点都有可能在他们身上有所展现。

他们缺乏足够的信心，由于害怕失败而将所有的结果都预想一遍。

他们既怀疑一切，又敢于自我牺牲，让人看到他们忠诚的一面。

7号蝴蝶型——享受者

他们积极活跃，对人情世故有着深切的认知，而又酷爱享受。

他们明显定力和韧性不足，很多事情都会半途而废。

他们总是希望自己能有多种选择，经常处于情绪高涨的状态。

他们积极乐观，乐于追逐充满乐趣的一切事物。

他们不喜欢许下诺言，以免被束缚，无法舒坦地做自己。

8号狮子型——领导者

他们意志坚定，具有无与伦比的领导力。

他们具有强大的开拓精神，做事果敢豪迈，敢于挑战人生。

他们能力极强，自信心十足，从不轻易放弃自己希望得到的东西。

他们争强好胜，控制欲很强，热衷于手握大权。

他们为人处世都独断专行，常常以自我为中心。

9号海豚型——调停者

他们思想开放，心态乐观，是优秀的矛盾调解员。

他们对所有的事情都顺其自然，给人一种自然得体而又情绪淡定的印象。

他们无法在充满冲突的环境中工作和生活，所以对一切争端都唯恐避之不及。

他们为了化解矛盾宁愿委屈自己，对一些问题睁一只眼闭一只眼。

翼型人格：性格变化的“X”因素

这个世界上并不存在纯粹的人格类型，每个人都是由主导人格和副人格共同构成的混合体。九种基本的性格类型即主导人格，与之相邻并混合的性格类型被称作“翼型”。翼型是我们人格的“第二面”，对主导人格起着重要的补充作用，让同一基本性格类型的人产生了丰富的变化。

蚂蚁型人格者的两种翼型

主1翼2

这种类型的人通常极富同情心，为人正直，大方得体，热情满满，心怀造福大众的伟大理想，希望自己能成为那个带动大家一起将世界改造得更美好的人。

主1翼9

这种类型的人通常十分理智，看重逻辑，不喜欢社交，和猫头鹰型人格者有点相似。他们身上带着开明人士的典型特点，一般能做到公正客观地看待问题，展现出博学精英的风采。

猎犬型人格者的两种翼型

主2翼1

这种类型的人利他意识、责任感、使命感都很强，具有强烈的社会良知，并且遵循法度与原则来做事。理性的头脑和温和的性格在他们身上实现了较好的统一。

主2翼3

这种类型的人善于通过人格魅力去赢得别人的喜爱，而且将保持密切的社交关系视作一种成就。这会促使他们以更大的热情去释放自己的善意，将更多的个人才艺展现给身边的人。大家和他们相处的时候，会有一种轻松愉悦的感觉。

雄鹰型人格者的两种翼型

主3翼2

这种类型的人兼具追求成功的毅力和热情待人的态度。他们善于社交，十分健谈，为人大方，表现欲极强，渴望成为众人关注的焦点，常常出没于各种社交场合。他们通常能让氛围变得更加活跃和欢快。大多数人都会被他们的个人魅力吸引，很喜欢和他们交往。

主3翼4

表面上看起来，这种类型的人更像天鹅型人格者。他们不像主3翼2型人那样活跃，而是非常安静、低调、克制，并且像天鹅型人格者一样对艺术充满兴趣，又能很好地控制自己的表现欲望。他们热衷于塑造独树一帜的个人风格，侧重于在功劳才智方面塑造良好的形象，而非在个人魅力方面下功夫。这使得他们会在提升个人专业能力方面花费大量的时间，将心思放在自己的事业上。

天鹅型人格者的两种翼型

主4翼3

这种类型的人志向远大，多才多艺，富有创造力，善于社交，渴望成功并与众不同。他们内心装着梦想，想要完善自己，对人际关系的复杂变化十分敏感。

主4翼5

这种类型的人没有主4翼3型人的雄心壮志，对社交兴趣不大，但是喜欢观察别人。他们兼具天鹅型人格者的艺术天赋和猫头鹰型人格者的洞察力，状态良好时可能是最具有创造力的类型。他们不在意别人的看法，只是遵循个人灵感来尽情地表达自我。

猫头鹰型人格者的两种翼型

主5翼4

这种类型的人极为重视个人感觉和内心世界，性格内倾，情绪化十足。他们认为只有先正确地认识自己的本质属性，才能找到自己最想要的生活。考虑问题的时候，他们喜欢把很多东西联系在一起来看，也会积极尝试各种新方法，从而会在艺术与学术领域取得新突破。

主5翼6

这种类型的人会表现出超出常人的理智，是最不容易与其他人产生亲密关系的类型。不过，在某些情况下，他们能与别人展开长期合作，并能很好地发挥研究天赋，分析环境中存在的问题并找出解决办法。他们在情感表达上具有很强的自制力，且有一种积极向上的幽默感。对生命中的关键人物，他们常常怀有感恩和报答之情，与对方保持亲密的关系。

羚羊型人格者的两种翼型

主6翼5

这种类型的人具有强大的专注力、感知力、组织能力、交际能力、理性分析能力和强烈的好奇心。他们将自己视作弱势群体的保护者，并且会接纳某种具有一定权威性的信仰、同盟。他们态度严肃，非常自律，表达个人观点的愿望又很强烈。他们对环境变化的感知十分敏锐，常能表现出先见之明，被视为解决社会疑难问题的好手。

主6翼7

这种类型的人平易随和，慈悲善良，热爱社交，渴望被别人喜欢和接纳。他们常常会密切地关注别人的反应，以判断自己的言行是否得体。他们希望快乐常伴，喜欢物质享受，有多种消遣方式，为人处事随性自由，把幽默感当作应对生活的重要武器。

蝴蝶型人格者的两种翼型

主7翼6

这种类型的人特别喜欢结交朋友，与朋友频繁互动。他们喜欢开玩笑，偶尔有点孩子气。创造力与娱乐精神的完美融合在他们身上得到了极好的体现。他们看待世界的观点很积极，借助自己的纪律性、合作意识能实现很多想法和目标。

主7翼8

这种类型的人勤奋而热情，有着明确的行动目标和极强的进取心，能以高涨的热情面对紧张的生活。他们讲究实际，意志坚定，能真正接纳世界上的一切美好事物，享受生活中的各种美好。他们对人情世故有真切的认知，善于以务实的策略来组织内外部资源，以求实现自己的目标。

狮子型人格者的两种翼型

主8翼7

这种类型的人说话总是一针见血，行事勇猛果敢，总能直截了当地阐述自己的观点。他们对开创事业有着极大的热情，常常能用远大的愿景吸引很多人和他们一起奋斗，共同迎接时代的挑战。

主8翼9

这种类型的人喜欢按照自己的想法行事，但是并不自以为是。他们的性格温柔随和，攻击性不强。他们很有策略性，通常不会一意孤行。他们能和别人建立比较亲密的关系，喜欢以支持和保护他人的方式来展现自己不服输的态度。

海豚型人格者的两种翼型

主9翼8

这种类型的人一般宽宏大量，自我意识有些淡薄，不过偶尔也会强硬地坚持自己的观点。他们有一种温和而开明的气质，喜欢跟朋友们一起随意畅聊、尽情欢笑。他们能委曲求全，包容别人。他们独立自主，果断勇敢，坚强与温和并存。他们不喜欢自吹自擂，但又会表现出必要的强势。

主9翼1

这种类型的人对精神领域的话题有着独特的喜好，理想主义色彩浓厚，遇到问题时对公正性和客观性十分关注。他们善于整合不同的观点，能从各种分歧意见中发现最大的共识。他们活泼而善良，对理想过于执着，还喜欢对人说教。他们具有丰富的想象力和创造力，愿意与别人分享自己的观点，对别人看法中的闪光点也能表示认可。

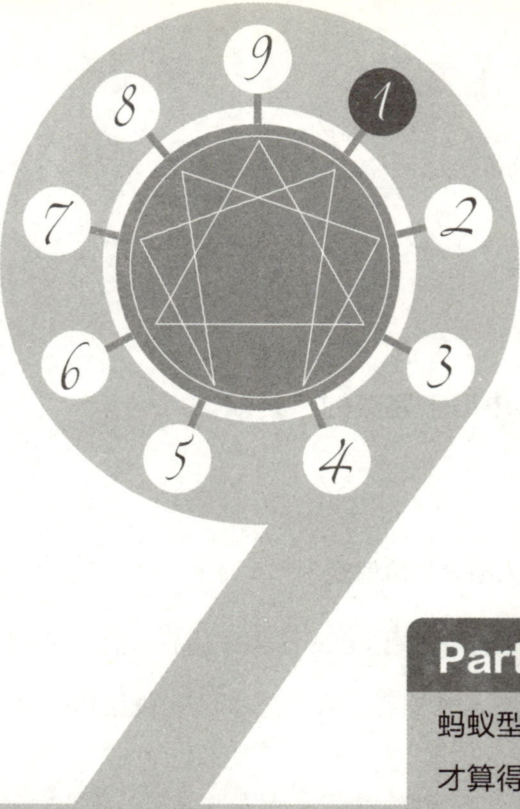

Part 02

蚂蚁型：做到一百分，才算得上完美

◎→对自己和他人都有极高的要求

◎→相信总有正确的解决办法

◎→具有与生俱来的优越感

◎→认为自己比别人更强大

◎→被称作完美主义者、改革者

性格认知：事事追求完美的“蚂蚁”

1. 蚂蚁型人格者的价值观

→有坚定的信仰，常用自己的标准去看待问题。

→期望成为一个恪守正道的人，对不合规矩的事情看不顺眼。

→事情没做到完美就很自责，而且非常在意别人的批评意见。

→害怕做错事，因此反复检查细节，以至于难以决断。

→即便工作做得优秀，也会觉得某个环节可以做得更完美。

2. 蚂蚁型人格者的穿衣风格

→干净整齐，着装正统，不喜欢花里胡哨的衣服。

→喜欢穿着制服，给人老成稳重的感觉。

→穿戴风格相对固定，十分在意自己的装扮。

3. 蚂蚁型人格者的说话方式

→会坦率地直接指明问题所在。

→陈述见解时简明扼要，能让人迅速意识到问题的关键，有化繁为简的明晰感。

→喜欢批评或谏言，遣词造句往往一针见血。

→讨论问题时常以判断某事是否正确为核心内容，对别人说教时语速会变快。

习惯用语有：应该、必须、规则、纪律、立场、程序等。

4. 蚂蚁型人格者肢体语言的特点

→姿势端正，腰背挺直，步态刚健，有军人之风。

→动作果断利落，不喜欢与人有太多的身体接触。

→能够长时间保持一个姿势，不喜欢表现出自由散漫、吊儿郎当的样子。

性格色彩：纯净无瑕的白色

蚂蚁型人格者内心深处对纯粹的追求和简单的幸福有着深深的渴望，虽然还达不到白纸一张的程度，但是跟白色的贴合程度相对较高。

蚂蚁型人格者有时让人觉得看不通透，这并不是因为他们城府深，而是因为他们试图把每个细节都做到最好，把每个因素都考虑周全。

蚂蚁型人格者对所有事情都精益求精，执着地想要实现最完美的梦想。从这一点上说，他们的理想是纯粹的。

容不得一丝错误的“工匠”

在职场中，蚂蚁型人格者给人的印象是太严厉、太正直、太苛刻、太刻板，很难亲近。

有时，同事又会对他们充满敬意，很高兴有这样的人给自己做指导。

对于蚂蚁型人格者来说，精益求精、追求极致的工匠精神，不过是理所当然的。

他们自以为只是在按照普通标准做事，却没意识到他们的要求已经超出了大多数人的能力范围。

蚂蚁型人格者往往能成为组织秩序的制定者和带头遵守秩序的模范。

如果让他们来做监督、质检、审计方面的工作，将能最大限度地减少大家的纰漏。

最佳人生伴侣的“潜力股”

蚂蚁型人格者往往在品德言行上更接近“完人”的形象，他们在关键时刻会被信任。

蚂蚁型人格者经常紧张兮兮地反省自己哪里做得不好，试图把缺点全部隐藏起来。

蚂蚁型人格者过于追求完美的感情，总想把对方改造成自己心中最理想的样子。

蚂蚁型人格者的心智发展到高级阶段时，会以高尚的德行来捍卫情感，能接纳对方一切无关大是大非的缺点。

他们有成为最佳亲人、朋友和同事的潜力。

沟通有诀窍，这样与“蚂蚁”交流

蚂蚁型人格者凡事都追求完美，对自己如此，对别人也是如此。沟通过程中，他们往往态度鲜明，有理有据，客观公正，逻辑清晰，面面俱到，诚实可信，一针见血，绝不说废话和无关的话。与他们交流时，要注意配合他们的完美主义倾向。

◎遵守规则，认真仔细，处事公道，实事求是，精益求精。（√）

◎做违反道德和法律的恶行。（×）

◎接受他们的批评和意见，并表示愿意以实际行动证明自己不会再犯同样的错误。（√）

◎不守信用，且不以为耻，反以为荣。（×）

◎当他们陷入自责时，多多表扬他们。（√）

◎拒不认错，死不悔改。（×）

◎言必信，行必果。（√）

◎没有任何立场和原则。（×）

◎有敢于承担责任的魄力。（√）

◎总是把烂摊子丢给别人，毫无责任感。（×）

“蚂蚁”眼中其他八种类型的人

蚂蚁型人格者眼中的猎犬型人格者

欣赏之处：猎犬型人格者热忱善良、精力十足、助人为乐，让我得到很多教益。最让人欣喜的是，他们总能很快发现我的需求，在我没开口之前就已经伸出援手，这让我免掉了很多后顾之忧。

不满之处：如果我直率地指出他们的问题，他们就会觉得非常受伤。他们的控制欲很强，总是想引起我的关注。他们太感情用事，不守规矩，也不考虑后果，甚至会为了讨好别人而卑躬屈膝。

蚂蚁型人格者眼中的雄鹰型人格者

欣赏之处：雄鹰型人格者和我一样工作很努力，办事效率很高。我对他们那种积极向上的进取心印象深刻。他们跟我交流意见时表现得很活泼开朗，又干练十足。他们总是能和不同类型的人很快混熟，这点令人佩服。

不满之处：有的时候，他们喜欢夸夸其谈，卖弄自己，那种扬扬得意的样子令我感觉不快。如果他们遭遇难以克服的困难，就会悄无声息地逃避。他们对自己的形象过分在意，不愿听到任何批评之声。他们做事唯结果论，对过程却不闻不问。

蚂蚁型人格者眼中的天鹅型人格者

欣赏之处：天鹅型人格者悲天悯人，触觉敏感，且能体会到我的想法。他们充满灵性，拥有让人钦羡的才华，对艺术有着与众不同的领悟。他们跟我一样，对理想主义有着浓厚的情怀，而且能坚定地保持自己的原则。

不满之处：他们的神经太过纤细脆弱，心理承受力太差。他们总是要等到情绪好的时候才去做该做的事，否则就会无休止地处理自己喜怒无常的情绪。他们太以自我为中心，希望别人无条件地爱他们。

蚂蚁型人格者眼中的猫头鹰型人格者

欣赏之处：猫头鹰型人格者拥有渊博的知识，和我一样理智，时常可以给我指点迷津。他们说话十分中肯，条理清晰且非常深刻，没有丝毫的浮夸之词。他们从来都不贪慕虚荣，做事从实际出发，专注力十足且能有始有终。

不满之处：他们固执己见，拒绝我认为应该做的事情时态度非常强硬。假如我不赞成他们的观点，他们就会变得非常喜欢争辩。他们善于创造却不太在意是否出成果，导致效率不太高。他们太过冷淡，缺乏热情，不喜欢主动跟人沟通。

蚂蚁型人格者眼中的羚羊型人格者

欣赏之处：羚羊型人格者忠实可靠，愿意为大众奉献一切，具有强烈的团队意识。他们勤奋踏实，具有极强的责任心和忧患意识。我的生活或工作不顺遂时，他们会一直陪在我的身边，坚定地支持我。

不满之处：他们很怕遭受批评，自信心也有些不足，常常妄自菲薄。他们偶尔会说一些带着讥讽意味的话，让我感觉不快。他们过于杞人忧天，情绪波动很大，支持我的时候态度坚定，反对我的时候也不遗余力。

蚂蚁型人格者眼中的蝴蝶型人格者

欣赏之处：蝴蝶型人格者和我一样对新知识充满兴趣，有孜孜以求的学习精神。他们做事有很强的灵活性，给有些呆板的我很大的启发。他们像我一样，希望能把世界变得更美好。他们能从失败和挫折中迅速振作起来，用乐观精神鼓舞我学会享受生活。

不满之处：他们常常以自我为中心，而且不愿做深刻思考，只是要一些小聪明。他们的思维跳跃性太强，而且记性并不太好。他们做事总是率性而为，而且总是无法善始善终。他们总是没有足够的耐心听我把话说完，而且非常喜欢闹情绪。

蚂蚁型人格者眼中的狮子型人格者

欣赏之处：狮子型人格者可以勇敢地掌控自己的命运，而不受人控制。他们豪迈热情，行动力和决断力都高人一筹，且一言九鼎。他们的勇气对我有很大的鼓舞作用，让我精神振奋，信心倍增。

不满之处：他们行事过于鲁莽，并不懂得三思而后行的道理。即便损害了别人的利益，也不愿放下面子去检讨自己。他们粗心大意，不注重细节，也不懂得换位思考，总是我行我素，不听劝告。

蚂蚁型人格者眼中的海豚型人格者

欣赏之处：海豚型人格者胸怀宽广，温和善良，善解人意，从不勉强别人做任何事情，也从来不会自以为是地随意评论某件事。他们高瞻远瞩，擅长综合各种观点，能发现许多我未曾注意的东西。

不满之处：即使面对迫在眉睫的事情，他们也会不紧不慢，这让我倍感着急。他们做事总是模棱两可、摇摆不定，常常不会给我明确的答复。他们缺乏直面问题的勇气，面对困难和冲突往往选择逃避。

Part 03

猎犬型：给予比接受更让人感觉快乐

◎→古道热肠，仗义疏财，助人为乐

◎→看重感情，广结善缘，关怀他人

◎→与人为善，深受欢迎，备受信赖

◎→懂得人情世故，高情商的代表人物

◎→被称作乐善好施者、帮助者、照顾者

性格认知：乐于奉献的“猎犬”

1. 猎犬型人格者的价值观

→很愿意满足大家的需求，尤其是情感方面的需要。

→为自己在群体中的重要性而深感自豪，希望成为不可或缺的那个人。

→为了满足别人的需求，可以扮演多个不同的角色，以至于无法认清自己的需求。

→渴望拥有人见人爱的魅力，希望通过热情帮助别人来赢得他们的支持。

→希望无拘无束地做事，却发现自己的精力被别人的需求牵扯，内心因此充满矛盾。

2. 猎犬型人格者的穿衣风格

→对穿衣打扮非常重视，在意个人形象。

→比较中意舒适的大众化服饰，对过于鲜亮或新潮的服装兴趣不大。

→想努力塑造一种富有亲和力的形象。

3. 猎犬型人格者的说话方式

→通常以讨论别人的情况为主，很少谈论自身的情况。

→表达的逻辑性有所欠缺，但感情色彩十分浓厚。

→善于察言观色，跟大部分人都能聊得来。

→懂得取悦别人，会围绕着关键人物东一句西一句地侃大山。

习惯用语有：感觉怎么样、舒服吗、搭把手、要不要、好不好、行不行等。

4. 猎犬型人格者肢体语言的特点

→动作轻柔，却又充满力量。

→不介意与人产生身体接触，与人握手、拥抱等情况时有发生。

→愿意主动与人接触，有时会有意无意地主动靠近别人。

性格色彩：和平环保的绿色

猎犬型人格者习惯于默默奉献。他们就像绿色植物一样，甘愿静静地待在某个地方，静静地为世界带来氧气。

猎犬型人格者总是考虑别人的需求，而忽略自己的感受，希望以最大的能力去帮助需要帮助的人。

猎犬型人格者浑身上下充满亲和力，他们很少出现伤害别人的念头，无论对方是熟人还是陌生人。

热心操持一切的“大管家”

猎犬型人格者常常以情感为导向进行思考，始终把关注重心放在别人身上。

他们能用热情和亲和力赢得别人的好感，用体贴细心的服务令人折服。

猎犬型人格者善于处理人际关系，喜欢在团队中扮演助人为乐的角色。

他们想得到所有人的赞赏，往往通过不断帮助别人来获得影响力。

猎犬型人格者能根据不同人的喜好来做准备工作，从而巧妙地满足各方的需求。

他们的人格魅力会让部下深深折服，是众多同事认可的好同事、好伙伴。

乐于全心付出，也渴望以爱换爱

猎犬型人格者在付出热烈的爱的同时，也希望从对方那里得到同样多的爱。

猎犬型人格者往往喜欢经营具有挑战性的情感关系，以此来激发他们善于照顾人的潜能。

猎犬型人格者将满足亲密接触者的需求视作自己的分内之事，以便实现更大的自我价值。

猎犬型人格者会为了迎合对方的需求而改变自己，这会让他们在不知不觉中忽视自己的感受。有的时候，他们可能会过分干涉别人的生活，从而令对方心生困扰。

沟通有诀窍，这样与“猎犬”交流

猎犬型人格者愿意为他人服务，但也希望得到被帮助者的感谢和赞扬。当他们遇到麻烦时，只要有人稍微表现出关怀的意思，他们就会心生暖意。但是，希望得到关爱并不等同于想成为被施恩的对象。如果有人过分热情地想要帮助猎犬型人格者，他们多半会选择拒绝，因为这关系到他们的自尊心。

◎拒绝他们的好意。（×）

◎赠送小礼物或写信给他们，以表达谢意。（√）

◎赞美他们想让世界充满爱的美好愿望。（√）

◎对他们乐于助人的行为表示怀疑，觉得他们别有用心。（×）

◎毫无限度地向他们索取帮助，榨干他们的爱心。（×）

◎把他们看作自己心中不可或缺的重要人物。（√）

◎将他们提供的帮助视作理所当然，没有丝毫感激的意思。（×）

◎对他们的热心帮助口头上表示感谢。（√）

◎在他们陷入困境时给予过度同情，让他们觉得他们很可怜。（×）

◎说伤人的话来否定他们所做的事情。（√）

◎坦然接受他们的帮助，但不过分索取。（√）

◎嘲笑他们无私奉献的精神。（×）

◎温婉和气地提出意见，而不是尖锐严厉地批评。（√）

“猎犬”眼中其他八种类型的人

猎犬型人格者眼中的蚂蚁型人格者

欣赏之处：蚂蚁型人格者做事遵守规矩、讲求原则、公正严明、立场鲜明、态度坚决，给我很强烈的安全感。他们的责任感和使命感都很强，凡事都精益求精。他们看重诺言，跟我一样将大众利益放在重要位置。

不满之处：他们对别人的要求过分严格，别人哪怕只犯下一个小错误都会被反复说教。他们经常站在道德高地，给予我严厉的批评，这让我感觉委屈。他们过于呆板，总将法理放在情理之前，缺乏人情味儿。

猎犬型人格者眼中的雄鹰型人格者

欣赏之处：雄鹰型人格者的工作态度十分积极，总是给人精力充沛的感觉，在众人中总是表现优秀，给人留下十分优秀的印象。他们的适应能力很强，能和形形色色的人建立良好关系，也不会强求我关注他们的需要。

不满之处：他们不太愿意接受批评，总会找各种借口为自己的错误言行辩解，甚至将错误推到别人身上。他们很喜欢宣扬自己辉煌的过往，而极力掩饰以前的失败。有的时候，他们过于功利主义，没有人情味儿。

猎犬型人格者眼中的天鹅型人格者

欣赏之处：天鹅型人格者情感细腻，心地纯良，对别人的痛苦和需求十分敏感。他们能迅速对我的感受做出反应，让我深受感动。他们喜欢将自己独具特色的精神世界与我分享，让我大开眼界。

不满之处：他们不太合群，每次情绪失控都会直接表现出来。他们常常孤芳自赏，给我一种傲慢的感觉。他们常常沉浸在自己的情感和幻想中，有些不切实际。

猎犬型人格者眼中的猫头鹰型人格者

欣赏之处：猫头鹰型人格者遵循自己的心意行事，基本不会被人动摇决心。他们总是能坚持以冷静理智的方式来处理问题，不会变得特别情绪化，偶尔还有一些别致的幽默感。他们喜欢与别人交换意见，有很强的学习精神和钻研精神。他们常能站在客观的角度看问题，这是我所缺乏的品质。

不满之处：他们总是刻意远离人群，不容易深入接触。他们自恃头脑冷静而鄙视我的多愁善感。他们醉心于研究知识，并不关心别人的感受，仿佛没有感情一般。他们总是思虑过度却懒得行动。

猎犬型人格者眼中的羚羊型人格者

欣赏之处：羚羊型人格者会认真倾听我内心的声音，为人忠实可信，许下的诺言一定尽力兑现。他们和我一样关心不幸的人，又比我更能觉察出潜在的危机。他们愿意给我依靠的肩膀，而这正是我希望得到的结果。

不满之处：他们总被焦虑的情绪纠缠，对每个细节都小题大做，让我觉得非常紧张。他们常常怀疑自己，给我一种不自信的感觉。他们总会用各种方法试探和捉弄我，以考验我的忠诚度。我赞美他们的时候，他们会不高兴，还会觉得我另有所图。

猎犬型人格者眼中的蝴蝶型人格者

欣赏之处：蝴蝶型人格者很容易亲近，我可以非常轻松地融入他们的圈子。他们不会给我设置太多限制，会给我自主做决定的空间。他们有自己的梦想，头脑灵活，积极乐观。他们充满幽默感，和他们相处让我感觉很愉悦。

不满之处：他们的思维跳跃性过强，让我难以跟上节奏。他们做事常常难以善始善终，我不得不给他们收拾烂摊子。他们凡事都想尝试一下，但是往往没有什么好结果。他们不愿帮助我解决情感问题，对我的忠告也是充耳不闻。

猎犬型人格者眼中的狮子型人格者

欣赏之处：狮子型人格者对工作和生活满怀热情，有着远大的志向和强烈的自信。如果关系很亲密，他们往往会给我无微不至的照顾。他们很能激发我的士气，做事干脆利落，从来不会拖泥带水。他们慷慨无私，充满正义感，对身边的弱势群体关怀有加。

不满之处：他们的控制欲和占有欲让人透不过气来，总是喜欢对我指手画脚，还让我处于危险的边缘。他们经常忽略别人的感受，只是按自己的意志横行。他们让我感到自己软弱无力，无法保护自己。

猎犬型人格者眼中的海豚型人格者

欣赏之处：海豚型人格者愿意陪伴在我的左右，而且从不拒绝我倾诉苦水，让我觉得非常温暖。他们随和仁厚，不仅能包容我的所有缺点，还安慰和鼓励我。他们总是先考虑和顾及我的感受，比我更有奉献精神。

不满之处：他们常常犹豫不决，以至于错失许多良机。他们对每个人都一样温柔，这让我无法感受到自己在他们心中的重要程度。他们说话模棱两可，而且常常以退缩和冷战的方式来逃避自己应尽的责任。

Part 04

雄鹰型：实干是成功的必经之途

◎→有强烈的进取心，对认定的目标会想方设法去实现

◎→追求一切象征成功的东西，效率高，执行力强

◎→适应能力极强，为适应环境可以隐藏自己的本性

◎→个性要强，喜欢竞争，厌恶失败

◎→被称作实干主义者、成就者、促动者

性格认知：踏实肯干的“雄鹰”

1. 雄鹰型人格者的价值观

→渴望变成别人眼中有价值的人，最害怕成为一个可有可无的人。

→期待通过努力获得成就，以高效工作赢得竞争，凭优异表现脱颖而出。

→自认为很有能力，希望通过各种途径来展现自己的实力。

→相较于真实的自己，给公众留下的印象显然更为重要。

→为了能在工作中取得成就，包括情感在内的其他事都可以放在一边。

2. 雄鹰型人格者的穿衣风格

→渴望在社交场合中塑造大方得体、光鲜夺目的形象，对衣着的要求很高。

→喜欢穿着知名品牌的服饰，体现与众不同的品位。

→常常穿着职业装、商务装，以彰显自己的身份、地位。

→会最大程度地根据当前的主流审美观念来选择服装。

3. 雄鹰型人格者的说话方式

→语言的目的性很强，核心内容一般是夸耀自己的成就。

→说话铿锵有力，言语中充满自信。

→通常表现得圆滑世故，根据不同的人采取不同的沟通方式；偶尔喜欢争论，措辞针锋相对。

→十分健谈，很少说废话，遣词造句偶尔较为夸张。

习惯用语有：我可以、一定行、没问题、争冠、胜利、价值、最佳效果等。

4. 雄鹰型人格者肢体语言的特点

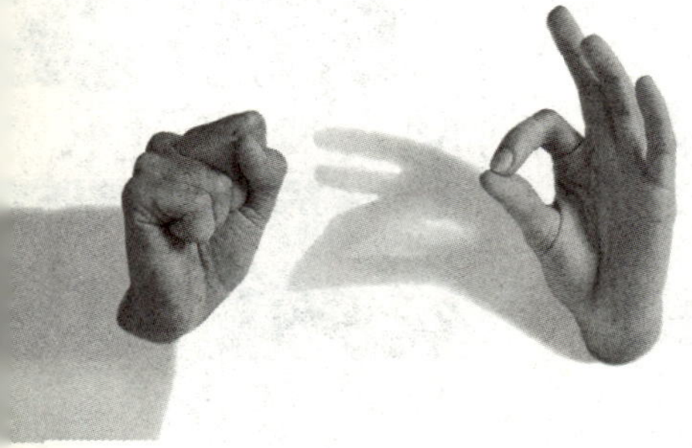

→交流时喜欢运用身体语言，尤其会做很多手势。

→做动作时坚决有力，速度很快，常常伴有快速的变化。

→肢体动作引人注目，但有时会让人产生刻意表演的感觉。

性格色彩：激情爆棚的红色

雄鹰型人格者时刻充满激情，永远不知疲惫，他们似乎有永远消耗不尽的精力和能量。

雄鹰型人格者总是充满自信，时时刻刻都想展现自己的能力和魅力，让身边的人渴望贴近他们，却又畏惧他们的强大气场。

雄鹰型人格者其实也有脆弱的一面，只不过他们隐藏得很好，所以身边的人往往只会看到他们活力四射的外在。

奋斗精神满格的“模范员工”

雄鹰型人格者很喜欢快节奏的生活方式，工作起来奋斗精神满格。

他们不会像某些同事一样对工作抱怨连连，而是将工作视作获得业绩的根本。

雄鹰型人格者对时间非常看重，一闲下来就会觉得精神空虚。

他们渴望成功，所以时刻紧绷神经，不敢停下脚步。

雄鹰型人格者渴望跻身精英阶层，对成功人士的主流评价标准十分关注。

他们会以评价标准严格要求并改造自己，以求用最高的效率来获得成功。

雄鹰型人格者喜欢有挑战性的任务，这样的任务更能激发他们的工作热情和动力。

千变形象，随对方需求而定

雄鹰型人格者常常希望与一些兼具资源和实力或者能为自己带来直接好处的对象结交。

雄鹰型人格者认为感情是完成工作的障碍，但在内心深处却对爱充满渴望。

雄鹰型人格者热衷社交，通过交换联系方式来拓展人脉和寻找新资源。

雄鹰型人格者渴望成为大家眼中最优秀的亲人、朋友、同事等，对自己在情感关系中的角色非常看重。

雄鹰型人格者可以在不同场景下塑造不同的形象，但是哪个才是真实的自己，他们自己都说不上来。

雄鹰型人格者会对家人的期望和目标给予绝对的支持，让对方感到由衷的喜悦。

沟通有诀窍，这样与“雄鹰”交流

雄鹰型人格者期待获得成功，成为大家尊重和羡慕的对象。所以，谁能给他们足够的面子，谁就能很快地与他们建立起良好的人际关系。当有人对雄鹰型人格者已经取得的成绩或未来的潜力表示赞赏时，他们往往会将这人当作自己的好伙伴。雄鹰型人格者喜欢被赞赏、受器重，所以和他们交往，要让他们始终感受到自己的价值。

◎言不由衷地溜须拍马。（×）

◎赞美他们取得的成就，态度越真诚越好。（√）

◎对他们的能力和潜力表示怀疑。（×）

◎翻来覆去地谈论他们曾经犯下的错误。（×）

◎赞赏他们的勤恳和自信，认为他们很值得自己学习。（√）

◎在他们十分忙碌的时候，尽量不去打扰。（√）

◎在公开场合嘲讽他们。（×）

◎有可能的话，和他们保持统一战线，而非敌对关系。（√）

◎和他们进行冗长且毫无意义的闲聊。（×）

◎为他们提供有价值的建议，而不是指责他们的不足之处。（√）

◎经常表扬他们做事效率高。（√）

◎持续不断地提出疑问和忧虑。（×）

“雄鹰”眼中其他八种类型的人

雄鹰型人格者眼中的蚂蚁型人格者

欣赏之处：在工作方面，蚂蚁型人格者和我一样认真努力，可以高效地完成多项工作。他们不但能充分展现自己的才能，而且原则明确、立场坚决。他们始终追求完美，对自己的能力和品行都力求尽善尽美。他们拥有坚定的信念，对建功立业有着执着的追求。

不满之处：他们时刻紧绷神经，活得很累，使得我也难有轻松的心态。他们在任何场合都可能批评我，这让我颜面尽失。他们通常不会认可我的成绩，即使偶尔表扬我，也要顺带指出我的缺点。他们对原则的坚持有些迂腐，对我的错误常常耿耿于怀。

雄鹰型人格者眼中的猎犬型人格者

欣赏之处：猎犬型人格者能迅速发现我的需求，积极主动地给予我热心的帮助。他们热情活泼，低调和善，与他们交往让我感觉很舒适。他们态度谦逊，给我留下了很好的印象。他们常常对我表达关怀之意，让我觉得自己有很重要的价值。

不满之处：他们情绪波动很大，总是希望我能给予他们更多关注，并按照他们的期待去做事。他们常常不顾及自己的身份和立场，做事没有轻重缓急之分，做一些超出个人能力的事情。我不愿意倾听他们的意见时，他们会很不高兴。

雄鹰型人格者眼中的天鹅型人格者

欣赏之处：天鹅型人格者懂得欣赏我的优点，让我学会不要过分在意别人的眼光。他们具有很强的共情能力，可以感知我的内心世界。他们灵性十足，对着装打扮追求新颖独特，对生活品位有着较高的追求。

不满之处：他们非常容易情绪化，会突然间离我而去。他们十分需要关注，常常说我只顾工作而不顾及生活质量，这让我难以安心工作。他们的着装打扮有时过于怪异。

雄鹰型人格者眼中的猫头鹰型人格者

欣赏之处：猫头鹰型人格者对事物有独特的见解，常常能够洞察我未能发现的问题，用他们的智慧帮我解决问题。他们思维缜密，能够掌控全局。他们能专注于自己的工作，很少受人影响，也不会总是来麻烦我。

不满之处：他们的计划很多，但是很少付诸实践，一到实际操作时就有些畏缩不前。他们不喜欢社交，性格怪异，情感过于淡漠。他们不注重个人形象，着装打扮总是过于随意甚至邋遢。

雄鹰型人格者眼中的羚羊型人格者

欣赏之处：羚羊型人格者有责任心，有担当，为人忠实可靠，关键时刻不会弃我于不顾。他们不但认可我的成就，还愿意听从我的指示。他们工作起来专心致志，善于预见可能存在的隐患，不会感情用事。

不满之处：他们的神经过分敏感，常常误以为别人在拒绝自己。他们总是疑虑重重，踟蹰不前，无法勇敢地采取行动。他们有非常强烈的悲观情绪，总是把事情往糟糕的方面想。

雄鹰型人格者眼中的蝴蝶型人格者

欣赏之处：蝴蝶型人格者活力四射，洋溢着青春的魅力，跟我一样精力充沛。他们总是充满好奇心，对冒险活动乐此不疲，常常能够产生创意十足的想法。他们幽默活泼，善于带动现场的气氛。

不满之处：他们没有足够的责任心，思维的逻辑性和条理性都很差，做事情的时候总是稀里糊涂。他们常常将责任推给别人，有的时候高傲无礼，根本不去体谅别人的感受。

雄鹰型人格者眼中的狮子型人格者

欣赏之处：狮子型人格者很有自主意识，行动能力极强，也愿意帮助我。在我精神萎靡的时候，他们总能及时给予我鼓励和赞扬。他们信心十足，会投入巨大的精力去实现自己的宏大目标，与我一样对成功充满渴望。

不满之处：他们觉得我思想肤浅，有些自视清高。他们脾气暴躁，时常用粗鲁的言行来攻击别人。他们具有强烈的占有欲和支配欲，总是支使我做某些事情，有时甚至在众人面前粗暴地给我下达命令，根本不顾及我的情绪。

雄鹰型人格者眼中的海豚型人格者

欣赏之处：海豚型人格者对我非常友善，而且十分理解我的感受和想法。他们能够听我诉说衷肠，不仅不会阻止我诉苦，还会给我很多安慰和鼓励。他们对我的能力和进取心都赞赏有加，能给我带来轻松和舒适的感觉。

不满之处：他们的办事效率极为低下，与我根本不在同一个节奏上。他们说话模棱两可，在我最无助的时候无法给我明确的建议。他们没有主见，很难自己做出决定。他们喜欢逃避，遇到问题不愿正面去解决。

Part 05

天鹅型：品味心灵孤独，追寻真实自我

◎→情绪细腻而多变，行事方式特立独行

◎→对人情世故并不精通，不太适应群体生活

◎→不甘于平庸的生活，不断探寻生命的意义，追求艺术的灵感

◎→悲情的浪漫主义是其独有的色彩，对真善美有着超乎常人的向往

◎→渴望与灵魂深处的自己对话，放弃真我比失去生命更加难以忍受

◎→被称作浪漫主义者和个人主义者

性格认知：迷恋浪漫的“天鹅”

1. 天鹅型人格者的价值观

→对生活中真实而强烈，尤其是那些具有悲剧色彩的东西充满兴趣。

→时常觉得自己遗失了某些东西，而别人恰巧又拥有这些东西。

→感觉自己拥有的东西满是缺点，可望而不可即的那些东西才完美无缺。

→常常产生被遗弃的感觉，觉得现实生活似乎并不真实。

→如果只是平淡地度过一生，生命便失去了意义。

2. 天鹅型人格者的穿衣风格

→穿着打扮非常有品位，很能彰显个人的魅力。

→具有鲜明的个人特色，总能给人

留下深刻的印象。

→衣着色彩丰富，十分引人注目。

3. 天鹅型人格者的说话方式

→很多话题都是围绕自己的内心感受展开的，表达的信息通常十分独特。

→遣词造句富有感情，但逻辑性和条理性不强，思维跳跃度很大。

→有的时候略显沉静，有的时候激情四射。

习惯用语有：我感觉、心情、俗气、品位、浪漫、情感、美学等。

4. 天鹅型人格者肢体语言的特点

→不喜欢使用过多的肢体语言。

→动作相对缓慢，随着感情的起伏产生相应的变化。

→喜欢刻意地保持优雅的姿态，一般不会做出粗犷的动作。

性格色彩：卓尔不群的紫色

天鹅型人格者一直追求与众不同、卓尔不群，这与古代西方皇家对紫色的定位是一致的。

天鹅型人格者渴望特立独行，所以他们强调自我，不愿遵守规则，总是做出一些出人意料的事情。

天鹅型人格者常常在追求卓尔不群的道路上坚持不懈，这让他们对自己的人生价值有了更多的认知，对真实的自我也有了更多的了解。

渴望灵性的“美学践行者”

天鹅型人格者具有理想主义色彩，遵从内心的感受对他们来说比什么都重要。他们执着地寻找最理想的工作，但是这个目标通常难以实现。

天鹅型人格者很讨厌千篇一律的生活和工作，他们喜欢探寻生命的意义，也希望做有意义的工作。

天鹅型人格者希望从事能够发挥个人创造力的工作，想借助工作内容来表现真我，发扬自己的生命美学。

天鹅型人格者将工作视作践行个人美学的主要途径，总能将平凡的工作提升到艺术的层次。

灵魂伴侣是一生孜孜以求的真爱

天鹅型人格者心思细腻、神经敏感，情感过于强烈，变化无常。

天鹅型人格者常常期盼找到一个全心全意爱自己的灵魂伴侣，潜意识里认为自己目前所做的一切都是在为未来的浪漫邂逅做准备。

天鹅型人格者骨子里有着浓厚的悲观主义倾向，他们习惯关注现实生活中的一些阴暗面。

天鹅型人格者不肯违背内心的真实感受，这让他们只有少数几个知心朋友。

天鹅型人格者对感情充满渴望，但是并不清楚自己剧烈的感情变化会给对方带来多大的伤害。

沟通有诀窍，这样与“天鹅”交流

天鹅型人格者极为敏感，思想和行为常给人一种难以捉摸的感觉。他们对负面的东西关注较多，情绪变化无常，常常沉浸在幻想之中，对别人忽冷忽热。他们习惯性地以自我为中心，常常跟着自己的感觉走。他们渴望表现自己超凡脱俗的风采，和他们交往，对这一点必须加以重视。

◎认可他们的与众不同。（√）

◎强迫他们按照大多数人的准则去生活。（×）

◎对他们灵感十足的创造力和与众不同的审美观念表示赞赏。（√）

◎批评他们时，丝毫不留情面。（×）

◎时常表现出对他们的关爱，形式越浪漫越好。（√）

◎对他们虚情假意，说些虚伪的话。（×）

◎深入了解他们表达的含义和情感需求。（√）

◎他们情绪不佳时，不追问原因，而是陪伴并聆听他们的感受。（√）

◎对他们的感受置之不理。（×）

◎给他们自由的空间，不去约束和控制他们。（√）

◎对他们的诉苦表示不解，只是敷衍地给他们一些毫无用处的解决方法。（×）

“天鹅”眼中其他八种类型的人

天鹅型人格者眼中的蚂蚁型人格者

欣赏之处：蚂蚁型人格者有坚定的信念，做事果敢坚决。他们条理清晰、规划严密的行事方法，让我很欣赏。他们是热心的诤友，会善意地提醒我活得真实一些。他们知道怎么在细节方面让我变得更优秀，而且经常给予我鼓励。

不满之处：他们做事的时候非常严肃认真，在任何场合都可能会对我的错误做出严厉的批评。他们总是强迫我按照他们的方式去做事，让我觉得严重被束缚。他们总将原则和责任作为最高准则，行事一点都不灵活。

天鹅型人格者眼中的猎犬型人格者

欣赏之处：猎犬型人格者有足够的耐心倾听我的心声，让我感受到了关爱。他们很能理解我的心情，知道我到底需要什么。他们对我的创造力和审美能力都很赞赏，也会以细致入微的照料帮我从抑郁的阴影中走出来。

不满之处：他们总是劝我不要过分沉迷于自我，对我的感情变化总要打破砂锅问到底。他们会以最快的速度给我建议，但有的时候我只是想倾诉，并不需要建议。他们关注别人时会忽略我的感受，没有耐心时态度相当粗暴。

天鹅型人格者眼中的雄鹰型人格者

欣赏之处：雄鹰型人格者的形象颇具魅力，对我有巨大的吸引力。他们有时很浪漫，给我被关爱的感觉。他们对事业充满热忱，为人乐观积极，给我带来了很多正面的影响。他们很清楚自己的目标，也鼓励我追求自己的理想。

不满之处：他们犯错的时候，很喜欢找各种各样的借口为自己开脱。他们对工作太过投入，常常受制于人情世故。他们有时会忽略我的存在，让我产生被冷落的感觉。

天鹅型人格者眼中的猫头鹰型人格者

欣赏之处：猫头鹰型人格者相当聪明，能给我许多有价值的建议。他们具有与生俱来的冷静和理智，处事态度不会受个人情感的影响。他们能洞察我细微的情绪变化，充分了解我的情感。

不满之处：他们有时理智得跟机器人没有两样，感情似乎非常冷漠。我渴望和他们关系更近一些，他们却总想和我保持一定的距离。他们常常收起情感，却反过来怪我过于情绪化。

天鹅型人格者眼中的羚羊型人格者

欣赏之处：羚羊型人格者做事仔细认真，考虑周详，也知道如何规避风险，不易出错，能给我安全感。他们踏实而诚恳，和我一样害怕被人抛弃或误解。他们遇到难以忍受的事情时，会像我一样坚决地进行反抗。

不满之处：他们常常怀疑我的观点，对我说的话提出很多批评。他们做决定时通常迟疑不决，以至于什么事都做不好。他们不太理解我的感受，有时会埋怨、讽刺我。

天鹅型人格者眼中的蝴蝶型人格者

欣赏之处：蝴蝶型人格者思维敏锐，活泼好动，能把我逗得开怀大笑。他们精力十足，浑身上下都洋溢着青春活力。他们和我一样，不迷信权威，不按常理行事。

不满之处：他们的情感非常淡薄，耐心和同情心都不足，不愿听我诉苦。他们总拿我开玩笑，即使在我需要安慰的时候也不改这一作风。他们做事不够认真，常常让我为他们操心费力。

天鹅型人格者眼中的狮子型人格者

欣赏之处：狮子型人格者热情似火，自信勇敢，能给予我相应的保护。在我多愁善感的时候，他们能用坚定的信念鼓舞我。他们坦率正直，不拘小节，思虑周全，很好相处。

不满之处：他们不解风情，略显笨拙，有时会用高压的手段刺激我。他们不希望我活在自己的世界里，我对他们的这种干涉很不喜欢。他们常常忽视我，很少顾及我的感受。

天鹅型人格者眼中的海豚型人格者

欣赏之处：海豚型人格者和婉善良，不会对我妄加评议，也不会试图改变我的想法，避免给我制造压力。他们愿意真诚地倾听我的心声，即使是不感兴趣的内容，也会用心去体会。

不满之处：他们对待感情的态度有些游移，表达方式模棱两可，让我难以把控。我的情绪失控时，他们对我置之不理。他们做事缺乏激情，喜欢逃避问题。

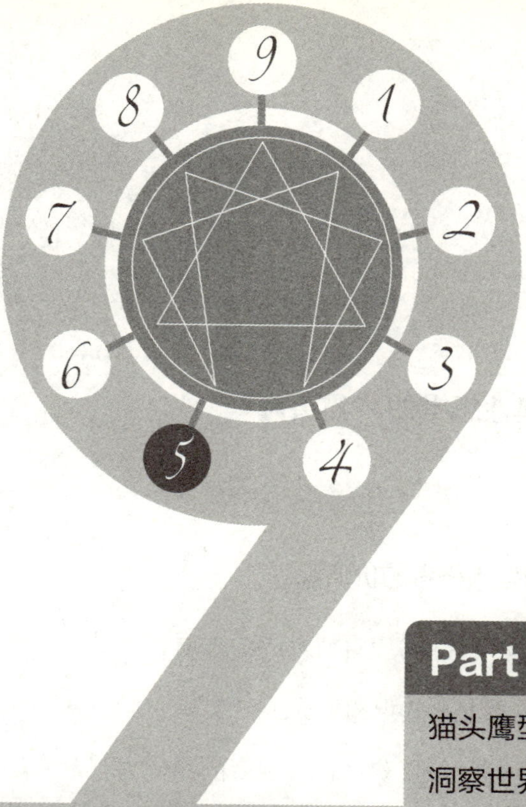

Part 06

猫头鹰型：深度思考，洞察世界本质

◎→喜欢思考问题，具有出色的知识整合能力和深邃的洞察力

◎→处理感情的方式既理性又麻木，极力避免感情干扰自己的思考

◎→乐于预测即将发生的事，对世界的本质有深刻的理解

◎→重视精神世界，对物质生活的要求极为简单

◎→平素安静，远离社交，几乎不会主动与人交往

◎→被称作思考主义者、探索者和观察者

性格认知：理性思考的“猫头鹰”

1. 猫头鹰型人格者的价值观

→渴望看清世界的本质，不是用心灵，而是用知识和头脑。

→喜欢站在旁观者的角度去观察一切，希望自己能对未来之事做出预测。

→为了全神贯注地思考问题，特意将生活划分成不同的功能区域。

→具有强大的理性控制力，能把注意力从感觉上抽离出来。

→可以延迟表达甚至封闭个人情感，以免自己的决定受到个人情感的影响。

2. 猫头鹰型人格者的穿衣风格

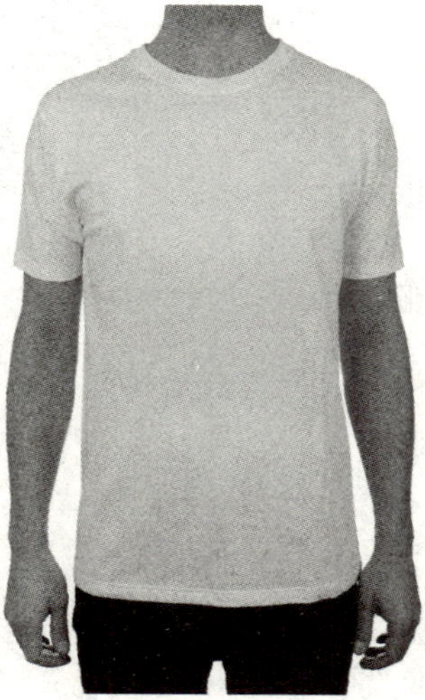

→推崇极简主义，将实用性作为非常重要的衡量标准。

→对品牌和穿搭方式关注不多，风格比较随意。

→对服装的造型和颜色要求不多，优先选择不引人注目的款式。

→不会随大流买新潮的衣服，旧衣穿到实在无法看才会扔。

3. 猫头鹰型人格者的说话方式

→讨论问题就事论事，极少跳跃到其他无关话题上，也很少有废话。

→语速不急不缓，声音高低适中，音调平和稳定。

→说话时很少使用人称代词。

→言语条理清晰，逻辑分明，充满理性，面面俱到。

→努力展现客观的一面，略显缺乏感情色彩。

习惯用语有：认为、据分析、观点是、想法是、态度是、由此可见、总而言之等。

4. 猫头鹰型人格者肢体语言的特点

→会做一些肢体动作，但频率较低。

→能长时间保持一个姿势坐着，安静地看资料或想问题。

→有时候会把双手交叉于胸前，上身往后仰。

→在交谈过程中，大多数时间在面无表情地倾听，只对有兴趣的话题点头示意。

→思考问题时，伴有皱眉、挠头等动作，但面部表情始终不够丰富。

性格色彩：冷漠淡然的蓝色

猫头鹰型人格者常常喜欢理性思考，冷静得出奇。这让人觉得他们在情感方面有些淡漠，不太容易接近。

猫头鹰型人格者渴望独立工作，需要有独立思考的空间，在工作时难免沉浸在自己的世界里。在旁人看来，他们有些不近人情，不食人间烟火。

猫头鹰型人格者不愿别人看到自己的内心世界，所以不会轻易敞开心扉，也不会随意表露自己的真情实感。

博学多识而勇于突破的“资深专家”

猫头鹰型人格者崇尚简约主义和实用主义，对物质生活的要求很低。

猫头鹰型人格者喜欢深入研究，这通常能让他们成为某个领域的专家、研究者或技术人员。

猫头鹰型人格者喜欢多角度地看问题，反复尝试不同的方法，努力在现有理论知识体系下取得新的突破。

他们有着惊人的毅力和干劲，名利和感情都无法动摇他们的目标和理想。

猫头鹰型人格者喜欢独立工作，对社交活动并不是很在意。

他们最希望工作环境井然有序，大家各司其职。

猫头鹰型人格者追求的不是大众认可的成就感，而是心智活动本身。

离群索居，构筑内心的“围墙”

猫头鹰型人格者离群索居，生活在自己的私密空间中，是较难产生亲密关系的一类人。他们在内心构筑了一道围墙，以阻挡别人窥探自己的内心。

猫头鹰型人格者将朋友划分为不同的圈子，而且不会介绍不同领域的朋友结识。他们在每个圈子中只展现一部分的真我，以确保别人不会认识完整的自己。

猫头鹰型人格者需要独处的空间，在这个空间他们可以尽情释放自己的情绪。

猫头鹰型人格者渴望获得真挚的感情，却又对感情不太信任。

他们处理情感的方式比较特别，先是在精神层面欣赏对方，然后才是感情层面。

沟通有诀窍，这样与“猫头鹰”交流

猫头鹰型人格者希望有一个私密的空间，倾向于回避亲密关系，更愿意独来独往，因此常常隐藏自己的感情，给人的感觉是不太容易接触。他们常常以理性思维来替代激烈的情绪，不喜欢向人倾诉心事。他们喜欢有深度的精神交流，愿意与学识渊博、谈吐不凡的人交流。在谈论自己感兴趣的话题时，他们往往变得非常健谈。

◎情绪波动很大，无理取闹。（×）

◎真诚地赞赏他们的研究成果，并具体指出其价值所在。（√）

◎围绕他们感兴趣的话题展开交流，注意多听少说、多提问。（√）

◎强迫他们参加他们不感兴趣的社交活动。（×）

◎尊重他们的私人空间和私人时间。（√）

◎对他们指手画脚，却又没有表现出令他们信服的智慧。（×）

◎在交往过程中，表现出谦虚好学的态度。（√）

◎处理问题时，努力表现出理智、客观，逻辑清晰。（√）

◎口若悬河地自说自话，所述内容前后矛盾。（×）

◎展现自己渊博的知识和广博的见闻。（√）

◎在众人面前嘲讽他们内向腼腆，并引导众人嘲笑他们。（×）

◎表现得过分热情或者过分卑微。（×）

“猫头鹰”眼中其他八种类型的人

猫头鹰型人格者眼中的蚂蚁型人格者

欣赏之处：蚂蚁型人格者独立自主，能够掌控自己的情绪。他们喜欢钻研，凡事三思而后行，不会冒险。他们耐心十足，即使是处理琐碎的小事，也可以做到一丝不苟。他们理性十足，坚持原则，而且遵守承诺。

不满之处：他们做事时瞻前顾后，难以做出决断。我给出结论后，他们还要妄加评论，想要改变我的想法。他们总向我强调该做什么不该做什么，让我觉得备受束缚。他们总是盯着细节不放，大局观却让人不敢恭维。

猫头鹰型人格者眼中的猎犬型人格者

欣赏之处：猎犬型人格者宅心仁厚，能够包容我。他们敢于表露自己的情感，也鼓励我大胆说出自己的真实感受。他们欣赏我的理智和逻辑思维，我能从中体会到尊重。他们充满幽默感，能让我松弛紧张的神经。

不满之处：他们热衷于社交，于是不顾我的感受便将我拉到人群之中。他们帮助别人时容易被感情蒙蔽双眼，以至于看不到残酷、复杂的现实。他们总在我忙碌的时候寻求我的赞同。

猫头鹰型人格者眼中的雄鹰型人格者

欣赏之处：雄鹰型人格者全神贯注于自己的工作，给我很多独立思考的空间。他们精力充沛，干劲十足，常常帮我处理一些我不擅长的事情。他们喜欢听取别人的意见，是很好的交流对象。

不满之处：他们过分看重别人对自己的评价，却不去做更深入的思考。他们把所有的精力都用在了工作上，以至于无法看到生活的全貌，影响个人的成长。

猫头鹰型人格者眼中的天鹅型人格者

欣赏之处：天鹅型人格者的情感模式与众不同，不会因别人的评价而改变自己的想法。他们富有挑战精神，具有挑战性的事情能够激发他们的情感，这让我心生羡慕。

不满之处：他们情绪波动很大，常常陷入情感旋涡中难以自拔。他们敏感而脆弱，使得我一言一行都必须小心谨慎。他们喜欢感情用事，在我希望独处时却来打扰我。

猫头鹰型人格者眼中的羚羊型人格者

欣赏之处：羚羊型人格者知道如何理性思考，对未知的知识充满好奇心，和我一样不会妄加评判。他们比我更加热情，很尊重我对私人空间的需求。他们踏实认真，有预见性，没有浮夸之气，可靠性强。

不满之处：他们有很多疑惑，不断为他们指点迷津令我精力不足。他们总会反复询问相同的问题，浪费我的时间。他们过分依赖我，缺乏主见和行动力。

猫头鹰型人格者眼中的蝴蝶型人格者

欣赏之处：蝴蝶型人格者热情开朗，积极乐观，在社交场合如鱼得水，而这恰恰是我所不具备的能力。他们头脑聪慧，能像我一样迅速参透事物的奥秘，而且总能想出别出心裁的点子。他们独立自主，不会过分依赖我。

不满之处：在我想要独处时，他们的热情让我无力招架。他们不断参与各种活动，在我想找他们的时候却影踪全无。他们略显浮躁，做事的时候持续性不够。他们不愿遵守规则，常常做些出格的事情。

猫头鹰型人格者眼中的狮子型人格者

欣赏之处：狮子型人格者自立能力强，可以解决许多麻烦。他们正义感十足，见不得不平事。他们行动果断，行动力极强。他们做人坦荡磊落，不会在争执后再跟我计较、算后账。

不满之处：他们处理问题的方式简单粗暴，没有弹性。他们的掌控力不足，很难把问题考虑周全。他们对我的忠告置若罔闻，依然我行我素。他们想在各个领域都掌控主动权，常常忽略我的感受。

猫头鹰型人格者眼中的海豚型人格者

欣赏之处：海豚型人格者态度和婉，不会驳斥我的观点，和我一样不愿妄议未知的事物。他们朴素大度，举止端庄，让我感觉很舒服。他们很尊重我，不会强迫我做事情，还会对我的忠告表示诚挚的谢意。

不满之处：他们的观点总是有些模糊不清，我无法了解他们的真实想法。他们的分析能力不足，对很多事情并没有深入的研究。他们说话常常刻意夸大，缺乏逻辑。他们不善于主动沟通。

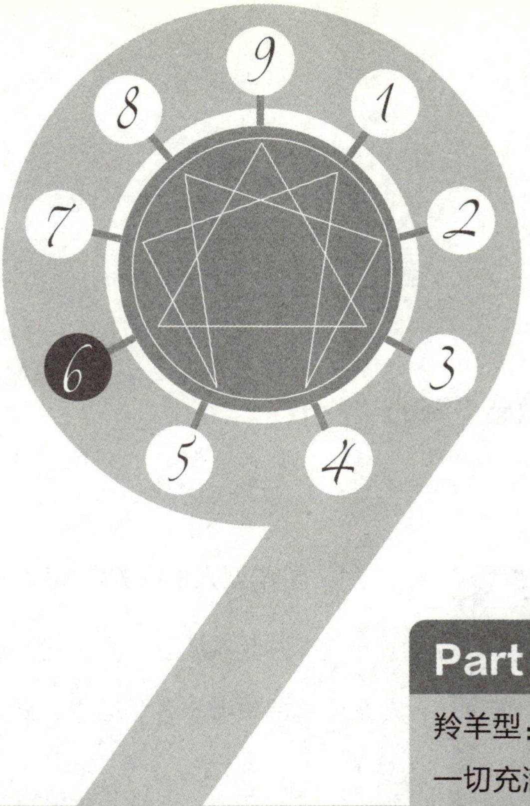

Part 07

羚羊型：谨小慎微，对一切充满质疑

◎→谨小慎微，凡事三思而后行

◎→忧患意识较强，会反复考虑和检查所有的细节

◎→对世界充满疑惑，渴望依赖权威，却常常挑战权威

◎→对别人满怀疑问，喜欢试探别人的真心

◎→忠心耿耿地对待自己信任的人，心甘情愿地奉献甚至牺牲

◎→被称作怀疑主义者、怀疑论者、忠诚者

性格认知：敏感多疑的“羚羊”

1. 羚羊型人格者的价值观

→认为世界被危机和不稳定因素充斥，常常考虑各种因素，做好应对措施。

→对身边人的行为动机充满疑惑，很想搞清楚他们的真实意图。

→看待权威的态度很极端，或者彻底信服，或者带头反对。

→对强有力的领导忠心耿耿，对被压迫者则有强烈的同情心。

→担心直接冲人发火会让别人不再支持自己，甚至站在自己的对立面。

→对自己的要求很高，希望成为一个可信度高的人。

2. 羚羊型人格者的穿衣风格

→穿衣风格相对传统，喜欢简单朴素的衣服。

→不喜欢过于耀眼的色彩，喜欢色调偏暗的服饰。

→服装款式中规中矩，往往给人留下稳健守旧的印象。

3. 羚羊型人格者的说话方式

→有边思考边说话的习惯。

→探讨问题时喜欢使用疑问句，来阐述自己存在疑惑的地方。

→说话通常不紧不慢，感受到压力时语速会突然加快。

→说话总给自己留出余地，从不把话说得太满。

→发言十分慎重，既不想直面问题，又不想让别人占据主动。

习惯用语有：为什么、万一、可是、然而、但是、不确定、不清楚、也许、可能、说不定、大概、承诺、当心等。

4. 羚羊型人格者肢体语言的特点

→动作一般较为僵硬，肌肉较为紧绷，喜欢低头。

→紧张时习惯吞咽口水，站立、坐卧、行走时都显得比较拘谨。

→常常一边冷静地观察环境，一边在心里盘算对策。

→听到别人表达不同意见时，会做出许多反映不安情绪的小动作。

性格色彩：雾气蒙蒙的灰色

羚羊型人格者对身边的一切都充满怀疑，这导致他们常常被焦虑不安的情绪困扰。在他们的眼中，整个世界都被灰雾笼罩。

羚羊型人格者具有极度敏感的神经，面对任何环境都谨小慎微，稍有不如意之处，他们就会变得神经兮兮，感觉人生灰暗无比。

羚羊型人格者的内心被猜疑充斥，担心被人排斥，所以一直以踏实、肯干的形象出现在别人面前，渴望通过这种方式给自己带来安全感。

风险管控出色的“忠诚卫士”

羚羊型人格者对风险管控有比较深刻的认知，会为所有可能威胁工作进展的隐患做好应对预案。

危难之时，他们能力挽狂澜，因为他们可以按照早已想好的对策果断解决问题。

羚羊型人格者生性多疑，既能忠实地与众人精诚合作，又能反复猜测别人的动机。

羚羊型人格者不喜欢做组织的一把手，成为众人关注的焦点会让他们深感不安。

羚羊型人格者太过小心谨慎，这种瞻前顾后的性格很可能让他们错失大好时机。

羚羊型人格者对别人的戒心很强，却又很希望获得稳固、可信赖的盟友关系。

羚羊型人格者十分重视承诺，言出必行，力求成为值得大家信赖和依靠的人。

多疑与忠诚兼备的天然矛盾体

羚羊型人格者是充满矛盾的人，他们多疑又注重信任与承诺。

羚羊型人格者从不认为世界上有什么东西是天生安全的，这种观念源于他们内心的焦虑和不安全感。

羚羊型人格者对感情有强烈的责任心，倾向于与他人构建稳固的长期关系。

他们喜欢持续地做出承诺，而且通常可以兑现承诺，这是他们对待情感的最基本的方式。

羚羊型人格者认为做出承诺可以消除疑虑，但他们又很容易因为一些小事情而有疑心。

羚羊型人格者常常揣测对方的内心，将内心的猜忌投射到对方身上。

沟通有诀窍，这样与“羚羊”交流

羚羊型人格者喜欢和靠谱的人打交道。他们审慎而多疑，通常不会毫不犹豫地接受某人、某事、某种观点。他们会在与人交往时揣测对方的真实想法，并暗暗考察对方的信用度与可靠程度。只有经受住他们的重重考验，他们才会变得笃信不疑甚至坚决捍卫。所以说，和羚羊型人格者沟通的诀窍是：保持耐心，坦然接受考验。

◎言行中透露出强烈的不信任感。（×）

◎一旦许下诺言就一定要实现，否则事前就明说做不到。（√）

◎朝令夕改，变化速度太快。（×）

◎开诚布公地向他们说明自己的想法和计划。（√）

◎对他们的建议谨慎对待并认真考虑。（√）

◎言谈举止轻浮无礼，行事方式马虎大意。（×）

◎在他们深感疑惑时，给出具有说服力的答案。（√）

◎情绪变化多端，心情阴晴不定。（×）

◎在他们犹豫不决时，给出合理建议并鼓励他们下定决心。（√）

◎欺骗他们，无论是善意的还是恶意的。（×）

◎心态平和地告诉他们没必要过分焦虑和多疑。（√）

◎他们因猜疑而生气时，告诉他们已经确定的真相或者自己正想办法解决问题。（√）

◎做事浮躁冲动，根本不计后果。（×）

“羚羊”眼中其他八种类型的人

羚羊型人格者眼中的蚂蚁型人格者

欣赏之处：蚂蚁型人格者为人忠诚可信，做事果断坚决，能为我分析事情的轻重缓急，并指出正确的方向。他们原则性很强，和我一样遵守承诺。他们韧性十足，不会半途而废。有人对我不利时，他们敢于出手，给我帮助。

不满之处：他们以最高的标准要求我做每件事情，给我带来巨大的压力。对不认同的事情，他们拒绝的态度很强硬，而且会严厉斥责我的观点，让我感到十分难堪。我工作中的每个细节，他们都要仔细核查，好像我很不靠谱一样。

羚羊型人格者眼中的猎犬型人格者

欣赏之处：猎犬型人格者给予我很多暖心的关怀，让我感觉轻松愉悦。他们理解我的过分焦虑和习惯性紧张，给我足够的安全感。他们仁慈宽厚，能够包容我的错误。

不满之处：他们对所有人都很温和，让我怀疑他们是否真心待我。他们忽略我的感受，却对别人予以关注，这让我有种被疏远的感觉。他们总是感情用事，缺乏理性思考的能力。

羚羊型人格者眼中的雄鹰型人格者

欣赏之处：雄鹰型人格者敢想敢做，常以积极的心态应对身边的人和事。他们目标明确，对自己想要的东西紧追不舍。他们是社交高手，能和各种类型的人和谐相处。他们常常给我鼓励，让我对自己更有信心。

不满之处：他们表现能力的方式过于浮夸，让我觉得很做作。他们对我的疑惑和焦虑漠不关心，不会用心经营我们之间的友谊。他们把精力都用在工作上，实际却是用忙碌来掩盖自己的焦虑。他们会为了面子而撒谎，这最让我无法接受。

羚羊型人格者眼中的天鹅型人格者

欣赏之处：天鹅型人格者的创造力和感受力都很强，头脑充满灵性，能让我体验细腻的内在感受。他们对过去的生活充满留恋，这让我深受感动。他们和我一样，总是毫不留情地反对虚假的权威。

不满之处：他们的情绪变化幅度很大，让我难以捉摸。他们的感情十分脆弱，很容易受到打击。反驳我的观点时，他们情绪化的表达方式总让我很受伤。他们对我的态度忽冷忽热，这让我极度缺乏安全感。

羚羊型人格者眼中的猫头鹰型人格者

欣赏之处：猫头鹰型人格者头脑清晰，理性客观，大局观强，能从不同的角度帮我分析问题。他们和我一样，不会对尚未查清的事情做出结论。他们信守诺言，答应的事情一定要兑现。

不满之处：他们耐性不足，很少听我倾诉。他们觉得我对他们的信赖是种负担，所以刻意与我保持距离。我很难弄清他们的真实想法，因为他们不愿吐露心声。他们冷静得有点过分，即使是迫在眉睫的事情，也难以打乱他们的节奏。

羚羊型人格者眼中的蝴蝶型人格者

欣赏之处：蝴蝶型人格者阳光自信，给我带来与众不同的快乐。他们往往可以看到事物正面、美好的一面，时常给予我鼓励，让我对未来的不安全感有所缓解。他们的头脑中满是新想法、新创意，对我的想象力有很大的激发作用。

不满之处：他们对我的忧患意识不以为意，没有耐心倾听我的疑虑。他们总是夸大其词，给我一种心浮气躁的感觉。他们思考问题不够深入，无法给我中肯的答案。他们不停地参加各种活动，以至于连联络感情的时间都抽不出来。

羚羊型人格者眼中的狮子型人格者

欣赏之处：狮子型人格者从不忧心未来，对未知的事物总能保持自信。他们完全不在意别人的眼光，总是实话实说，我无须花费心思去揣测他们的真实想法。他们总会在我遇到困难时伸出援手，让我很有安全感。

不满之处：他们有些自负，对自己的力量过分迷信，一点危机意识都没有。他们对我的犹疑深感不满，我对他们的冲动则很是担忧。他们的控制欲过于强烈，总想支使我，这让我感觉很不舒服。

羚羊型人格者眼中的海豚型人格者

欣赏之处：海豚型人格者愿意用心倾听我的焦虑，安抚我的情绪，这让我可以勇敢地继续前进。他们能接纳我的缺点，态度温和亲切。他们总能以平和的心态应对各种事情，这让我感到非常安心。

不满之处：他们虽然不会公然反对我的观点，但也不会听从我的劝诫。他们过于安逸，没有激情和活力，让我觉得枯燥乏味。他们从不主动阐述观点，我没法搞清他们的真实意图。他们总是对隐患视而不见，盲目地相信“船到桥头自然直”。

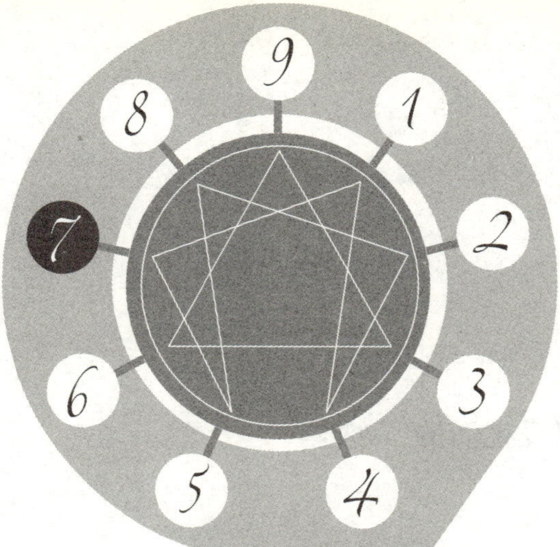

Part 08

蝴蝶型：将冒险和尝新进行到底

◎→活泼开朗，幽默风趣，兴趣广泛，多才多艺，自由自在

◎→社交场合的开心果，比其他类型的人更喜欢玩，也更会玩

◎→热衷于体验一切有意思的事物，追求新鲜刺激而又丰富多彩的生活

◎→精力旺盛，思维活跃，头脑中有用不完的新鲜创意

◎→充满童真，能将各种烦恼暂时抛于脑后

◎→被称作享受主义者、热情者和多面手

性格认知：享受生活的“蝴蝶”

1. 蝴蝶型人格者的价值观

→世界充满无数的可能，各种选项都该尝试一下，以获得更丰富的经历和更快乐的体验。

→不断参加各种活动，以使情绪保持较高的兴奋度。

→尽量保留更多的选项，不在只有唯一选择时做出承诺。

→相较于深层次的亲密接触，更喜欢让人愉悦的精神活动。

→遇到难以解决的问题时，会想方设法从中逃离。

→制订多样的计划，将冒险和尝新进行到底，这样才能得到更加有趣的生活。

2. 蝴蝶型人格者的穿衣风格

→穿衣打扮超出常人的认知，对奇装异服十分偏好。

→紧跟时尚潮流，追求最新的服装款式。

→喜欢鲜明夺目的颜色，以彰显自己的个性。

→对正装、商务装、制服等没有兴趣，感觉被束缚。

3. 蝴蝶型人格者的说话方式

→思维跳跃性很强，但缺乏连贯性和逻辑性，常常从一个话题立刻跳到另一个不相干的话题。

→喜欢侃大山，常常插嘴、打岔、跑题，善于狡辩。

→喜欢轻松的谈话方式，对正式谈话兴趣不大。

→语速较快，语调轻松，心直口快，有时甚至口不择言。

→幽默语言较多，很能调动谈话气氛。

习惯用语有：有意思、真没劲、开心就好、无聊、快点、好玩、陪我一起、太麻烦了等。

4. 蝴蝶型人格者肢体语言的特点

→非常好动，很难安静地待在一个地方。

→小动作很多，而且转换的速度很快，频率很高。

→时常做出一些夸张的动作，以引起别人的注意。

性格色彩：活泼热情的橙色

蝴蝶型人格者思维活跃、积极乐观，能以最快的速度想出解决问题的办法，并给身边的人带来欢声笑语。

蝴蝶型人格者总是一副乐天派的模样，虽然也有悲伤的时刻，但是大多数的时候他们脸上挂着笑容，以热情去带动身边的人。

蝴蝶型人格者喜欢和大家一起玩耍，会努力寻找一切快乐的源泉，而且他们总有用之不竭的灵感。

思维能力出众的“多面手”

蝴蝶型人格者以思维能力见长，头脑灵活，思维转换很快，总能想出出人意料的办法。他们善于进行跳跃性极大的发散思维，从而开辟新的道路。

蝴蝶型人格者热情开朗，具有在快节奏、高压力的环境中快速思考和行动的能力。

蝴蝶型人格者思维跳跃，因此很难保持一丝不苟、不厌琐碎的执行力。

蝴蝶型人格者喜欢冒险和刺激，喜欢尝试新鲜事物，这让他们更容易成为多面手。

他们非常随性，没有太多顾虑，渴望无拘无束的生活。

蝴蝶型人格者精力充沛、兴趣广泛、热衷社交，对各个方面都有了解的兴趣。

社交广泛，共享美好时光

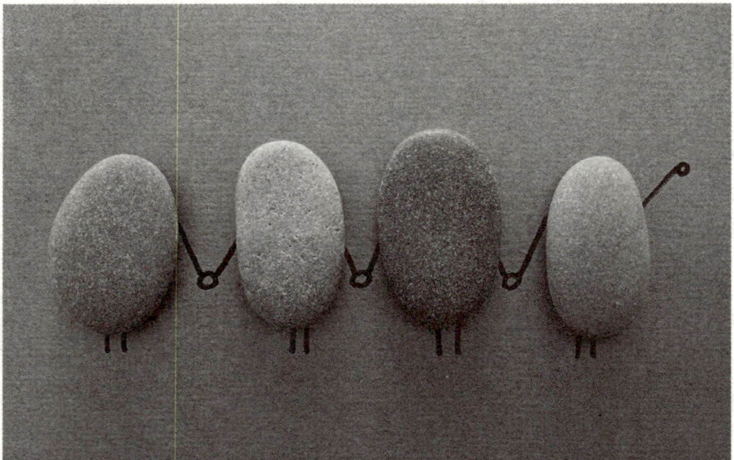

蝴蝶型人格者性格开朗阳光，用最乐观的态度看待一切，往往是大家最好的玩伴。他们善于调动气氛，能让身边的每一个人都感受到轻松快乐。

蝴蝶型人格者喜欢与同类人交朋友，这会让他们获得最大的安全感，让他们感觉如同身处一个心灵相通的大家庭里。

蝴蝶型人格者喜欢做娱乐活动的组织者，把不同的朋友组织到一起共享娱乐时光。

蝴蝶型人格者通常很自恋，希望引起他人的崇拜和爱慕。

蝴蝶型人格者追求新鲜感，所以不会全身心投入一次情感经历。

蝴蝶型人格者认为追求快乐是天经地义的事，一般不愿接受冲突和责备。

沟通有诀窍，这样与“蝴蝶”交流

蝴蝶型人格者兴趣广泛，喜欢玩闹，对冒险和新鲜事物充满好奇。他们口才不错，善于调动对方的兴致，跟他们打交道往往比较轻松。只是，他们一般很难与别人建立深厚的感情。因为他们很难长久保持注意力，而且对待自己觉得无趣的人会比较冷淡。此外，他们也不喜欢跟那些习惯煞风景的人打交道。

◎简洁而温和地给出建议。（√）

◎欣赏他们活泼开朗的性格。（√）

◎倾听他们的有趣经历，并能享受其中的乐趣。（√）

◎他们表现得不耐烦时，仍然步步紧逼。（×）

◎认为他们的所有经历都毫无价值。（×）

◎给他们足够的空间和选项。（√）

◎给他们施加很大的压力，强迫他们面对不开心的事情。（×）

◎分享你的趣事，告诉他们可以尝试哪些新鲜事物。（√）

◎在社交场合抢他们的风头，尤其是在他们正兴致勃勃地发表演说的时候。（×）

◎赞赏他们天马行空的思维方式。（√）

◎常常责备和呵斥他们。（×）

◎处处设限，让他们按照规定好的条条框框去行事。（×）

“蝴蝶”眼中其他八种类型的人

蝴蝶型人格者眼中的蚂蚁型人格者

欣赏之处：蚂蚁型人格者在我忘乎所以时会提醒我注意安全。他们原则性很强，在我蒙冤受屈时会为我打抱不平。他们行事谨慎缜密，不像我这样粗枝大叶。他们总是赞赏我的积极乐观，让我心里很舒坦。

不满之处：他们常常抓住我的一些小错误，让我被负罪感包围。他们总想以自己的方式去解决一切问题，对我指手画脚。他们的心被愤怒和不平充满，无法像我一样享受人生。

蝴蝶型人格者眼中的猎犬型人格者

欣赏之处：猎犬型人格者能接受我的任性，理解我对自由的深切渴望。他们对我非常热忱和体贴，愿意倾听我经历的种种事情。他们知道我拥有的才华，总是能在我有需要的时候出手相助。

不满之处：在我遇事离开无法继续倾听他们的诉说时，他们总会显得很不高兴。他们过于感情用事，常常陷入感情旋涡中无法自拔。他们想要改造我，让我改变生活态度。他们在关心别人的时候，就会忽略我的需求。

蝴蝶型人格者眼中的雄鹰型人格者

欣赏之处：雄鹰型人格者精力充沛，工作积极主动，充满干劲。他们和我一样喜欢社交，每次和他们交流都十分愉悦。他们很注重自己的外在形象。他们总会给我足够的空间，让我去做自己想做的事。

不满之处：他们的大部分精力都倾注在工作上，根本不懂得享受生活。他们只注重结果却不在意过程，结果忽略了很多宝贵的东西。他们对很多问题都视而不见，有些盲目乐观。他们常常对我喜欢的事物感到不屑，也没有耐心去倾听我的经历。

蝴蝶型人格者眼中的天鹅型人格者

欣赏之处：天鹅型人格者的情感非常丰富，常常激发我的好奇心。他们十分重视享受生活的精彩部分，也很喜欢分享这部分生活。他们很有自己的主见，比我更不喜欢顺从别人的观点。

不满之处：他们宣泄情绪的方式有些极端，让我避之不及。他们过于多愁善感，常常表现出消极的一面，无法和我一起分享快乐。他们想用不理智的情绪来控制我，让我跟他们保持相同的想法。

蝴蝶型人格者眼中的猫头鹰型人格者

欣赏之处：猫头鹰型人格者头脑聪慧，能关注到许多我忽视的事情。他们有很强的自立能力，对个人能力十分自信。他们拥有渊博的知识，常常给我很多教益。他们具有非凡的专注力，这一点让我颇为羡慕。

不满之处：他们时不时就会批评我把精力浪费在一些无谓的事情上。他们没有冒险精神，对刺激的事情毫无兴趣。他们不喜欢社交，这跟我截然相反。他们缺乏激情，跟大家之间存在隔膜。

蝴蝶型人格者眼中的羚羊型人格者

欣赏之处：羚羊型人格者行事稳重、小心谨慎，不像我那么粗枝大叶。他们很喜欢倾听我分享的快乐体验，对我的事情具有很强的好奇心。他们信守诺言，忠诚度高，对家庭、朋友和工作都具有强烈的责任心，让我少了许多后顾之忧。

不满之处：他们总是杞人忧天，喜欢将消极因素不断放大，却又不愿主动去解决。他们遇到巨大压力的时候，常常会出口伤人。他们总是批评我过于任性，对我要求极为严苛。

蝴蝶型人格者眼中的狮子型人格者

欣赏之处：狮子型人格者豪爽直率，直言不讳，从不瞻前顾后。当我遭受不公时，他们会站出来给我支持。他们和我一样，敢于挑战权威。他们独立自主，尊重我的个人空间。

不满之处：他们的表达方式过于强硬，总是命令我按照他们的要求行事。他们发怒的时候很恐怖，我一刻都不想待在他们身边。他们有些狂妄自大，对自己的判断信心十足，根本不听别人的劝告。他们总是试图支使我，剥夺我的自由。

蝴蝶型人格者眼中的海豚型人格者

欣赏之处：海豚型人格者性格随和，不会让我产生紧张感。他们和我一样追求自由，不会以任何形式约束我。他们比我更讨厌冲突和对抗，不会和我发生矛盾。我不遵守规矩时，他们不会对我横加指责。他们喜欢听我讲各种各样的故事，并且乐在其中。

不满之处：他们的态度总是摇摆不定，我基本难以了解他们的真实想法。他们外表看上去性格温和，内心却执着无比。有的时候，他们的诺言难以兑现。他们的工作效率太低，简直让人无法忍受。

Part 09

狮子型：王者风范，个人权威不可动摇

◎→气场强大，拥有战胜一切困难的胆识

◎→斗志昂扬，不惧斗争，毕生都在开创自己的一片天地

◎→爱憎分明，直爽豪迈，愿意为弱者伸张正义

◎→向往权威，不喜欢被人领导，更希望自己成为领导者

◎→被称作掌控主义者、挑战者和保护者

性格认知：不容侵犯的“狮子”

1. 狮子型人格者的价值观

→渴望以坚强的意志去战胜困难和对手，掌控自己的命运。

→希望拥有更多的权力和能力，不仅保护自己的领域，也争取支配其他领域。

→期待掌控自己想要的事物和那些能够影响自己生活的人。

→公开表达自己的愤怒，为弱者伸张正义。

→为了克服厌倦心理，过度地做某事。

→看待世界的时候，习惯以敌我分明的方式去思维。

2. 狮子型人格者的穿衣风格

→注重形象装扮，着装重视搭配。

→服装要有质感，要符合威严的身份。

→服装款式和风格都很丰富。

→舍得在衣服上投资，喜欢穿着高档的服装。

3. 狮子型人格者的说话方式

→喜欢直截了当地与人沟通，不喜欢拐弯抹角的说话方式。

→言语充满命令的意味，遣词造句多用命令口吻，甚至具有攻击性。

→声音洪亮，容易激动和急躁。

→喜欢直入主题，经常给人居高临下的感觉。

→认为自己的观点不容置疑，没有耐心倾听别人的观点。

习惯用语有：我命令、我要求、我说了算、跟我走、就这样决定了、怕什么、听我的、少废话、我来负责、我告诉你啊、看我的、随我来、不许、不得、不准、还不快去、够义气、有魄力、有胆识、有血性等。

4. 狮子型人格者肢体语言的特点

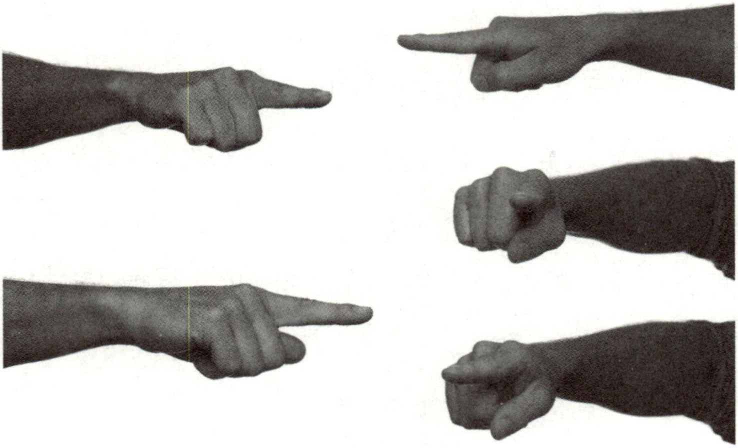

→站立坐卧都会不自觉地向后微微倾斜，给人一种高高在上的感觉。

→身体动作会随着情绪的不同，产生比较大的变化。

→喜欢用手指挥别人，给人一种充满力量和自信的感觉。

→动作刚劲有力，举手投足别有一番气势。

→目光具有侵略性，看人专注，习惯直视别人。

→面部表情非常自信，显露出威严而霸气的气势。

性格色彩：威仪满溢的黄色

狮子型人格者是天生的领导者，他们的王者气质和威仪，简直可以与中国古代皇家专属的黄色完美融合。

狮子型人格者往往极为强势，个人的强大气场会给身边人带来极大的震慑力。不怒自威是他们最好的标签。

狮子型人格者即使在面露微笑的时候，也会透露出一种威严的气势，给人一种无所畏惧的印象。

杀伐果断的“天生领导者”

狮子型人格者不怕困难险阻，喜欢开创常人不敢想的事业。他们只要认准了目标，就会排除万难、披荆斩棘，不惜一切代价将其完成。

狮子型人格者自信果断，崇尚实力，知道如何凝聚人心，具有较强的组织管理能力。

狮子型人格者善于观察形势，等待时机，一旦做出决定，就会勇往直前。如果他们的目标正确，往往会功成名就；如果目标错误，则会带来巨大的灾难。

狮子型人格者希望做决策者，这样便于自己最大限度地掌控各种因素。

他们有时确实非常霸道，但对自己人十分关爱，会尽力保护自己团队的成员。

渴望主导权，一切由我做主

狮子型人格者虽然被人群簇拥，但内心无比孤独。

狮子型人格者即便与知心朋友或亲密爱人在一起，他们最关注的依然是自己的独立性。

狮子型人格者喜欢独自掌控主导权，不习惯自己被别人的情绪影响，更不希望自己对对方产生依赖性。

狮子型人格者希望成为感情的主宰者，会以各种方式来宣示自己对情感关系的主导权。

他们想要知道关于对方的一切，在保护对方的同时，也在考验对方的可信赖度。

狮子型人格者与关系亲密者相处时，会把对方当成自己的一部分，并对其深信不疑，完全依赖。

沟通有诀窍，这样与“狮子”交流

狮子型人格者很讨厌别人挡在他们前进的道路上，一旦如此，他们会竭尽全力去排除障碍。他们豪爽开朗，不拘小节，讨厌那些软弱胆小、胡作非为的人。他们对弱者有着强烈的保护欲，对强者则有挑战的欲望。想和狮子型人格者和谐相处，至少要让他们承认你是可以信赖的盟友。

◎尊重他们的权威，让他们觉得他们才是全局的掌控者。(√)

◎沟通时保持热忱，态度要不卑不亢、落落大方。(√)

◎狐假虎威，仗势欺人，蛮横无理。(×)

◎坦坦荡荡地把话说在明面上，客观直接地表达自己的观点。(√)

◎称赞他们实力强大、仗义执言、豪气冲天。(√)

◎违背他们的意愿，质疑他们的权威。（×）

◎试图将他们的权力和地位据为己有。（×）

◎尊重他们的隐私，承诺保护好他们的秘密。（√）

◎敢于据理力争，却只是批评而不给出有价值的建议。（×）

◎使用阴谋诡计，而不是凭借实力进行光明正大的较量。（×）

◎接受他们据理力争的沟通方式，耐心地进行谈判。（√）

◎向他们展现自己的信心，尤其是不怕牺牲的觉悟和决心。（√）

◎夸大其词或拐弯抹角的表达方式。（×）

“狮子”眼中其他八种类型的人

狮子型人格者眼中的蚂蚁型人格者

欣赏之处：蚂蚁型人格者做事遵守规矩，认真务实，极具责任心，头脑清晰且富有逻辑性。说话有条理，行事干脆利落。他们拥有坚定的信仰和远大的目标，力求改进不完善的地方。

不满之处：他们一直坚守规则，一点都不懂得变通。他们很固执地要求我按照他们的要求行事，而我最讨厌被人命令。他们总是顾及别人的批评，束缚了自己的手脚。他们总是批评我，说我的大胆言行不符合规范。

狮子型人格者眼中的猎犬型人格者

欣赏之处：猎犬型人格者富有爱心，常常对弱者出手相助。他们具有同理心，对我十分体贴。他们具有为家人和朋友做出牺牲的奉献精神，也很感激我对他们的保护。

不满之处：他们会委曲求全，只是为了让我喜欢他们。他们的立场不够明确，有时会为了帮助别人而舍弃自己的利益。他们的感情十分脆弱，和我熟悉之后会保持适当的距离，有时甚至将自己扮作受害者。

狮子型人格者眼中的雄鹰型人格者

欣赏之处：雄鹰型人格者工作态度积极，效率很高，我只要给他们指明方向，他们就能处理好一切事物。他们乐观向上，即使身处低谷也能很快走出来。

不满之处：他们颇有城府，常常为了讨好我而扮出完美的形象。他们不会表露自己的真实想法，让我无法真正了解他们。他们只重结果而不重过程，导致一些本可避免的问题出现。

狮子型人格者眼中的天鹅型人格者

欣赏之处：天鹅型人格者感情细腻，且能坦然表露，还能欣赏我的豪情。他们拥有童心，情绪较高的时候很具吸引力。他们愿意和我一起参与冒险活动，在刺激中寻找快感。

不满之处：他们喜欢挑战权威，不听命令。他们总是沉浸在自己的情感世界中，想法脱离实际，行事轻浮。他们常常做一些蠢事，让他们受到伤害。

狮子型人格者眼中的猫头鹰型人格者

欣赏之处：猫头鹰型人格者十分聪明，头脑清晰灵活，具有远见，常常可以宏观地看待问题。他们能理智地看待所有事物，不会被个人情感摆布。他们欣赏我的坚决和行动力，能够独立自主，而且理解我对权力的渴望。

不满之处：他们常常觉得我粗鲁莽撞，理性不足。他们有很多想法，但是往往难以实现。他们对情感十分冷淡，常常封闭自己的内心世界，不愿与我交往。

狮子型人格者眼中的羚羊型人格者

欣赏之处：羚羊型人格者信任我时，会对我的支持和保护表示感激，对我忠诚无比，愿意为我奉献所有。他们会用幽默逗我开心，还会提醒我容易忽略的问题。他们谨小慎微、信守承诺，值得信赖。

不满之处：他们不断揣测我的心思，而且杞人忧天。他们不喜欢冒险，对新事物和新方法都没有尝试的勇气。他们信心不足，常常妄自菲薄。他们胆小怕事，总想让我给予保护。

狮子型人格者眼中的蝴蝶型人格者

欣赏之处：蝴蝶型人格者常以幽默的方式表露自己的心迹，这让我感觉非常有趣。他们喜欢冒险和尝试新鲜事物，还喜欢分享自己的经历。他们头脑灵活，总能想出一些让人拍案叫绝的点子。

不满之处：他们总为自己的错误找借口，不愿承担责任。他们心浮气躁，做事总不让人放心，常常虎头蛇尾。他们会尝试挑战我的权威，而且试图诱导我遵从他们的计划。

狮子型人格者眼中的海豚型人格者

欣赏之处：他们宽容大度，从来不为鸡毛蒜皮的小事计较。他们对我十分尊重，对我积极主动的性格和敢于冒险的精神也赞赏有加。他们从不挑战我的权威，在我心情不好时能迅速帮我恢复平静。

不满之处：他们不会坦诚地跟我交流，即使我的言辞十分激烈，他们也会冷淡地回应。他们做事缺乏主动性，常常等到迫在眉睫的时候才采取行动。他们有时固执己见，有时又模棱两可。

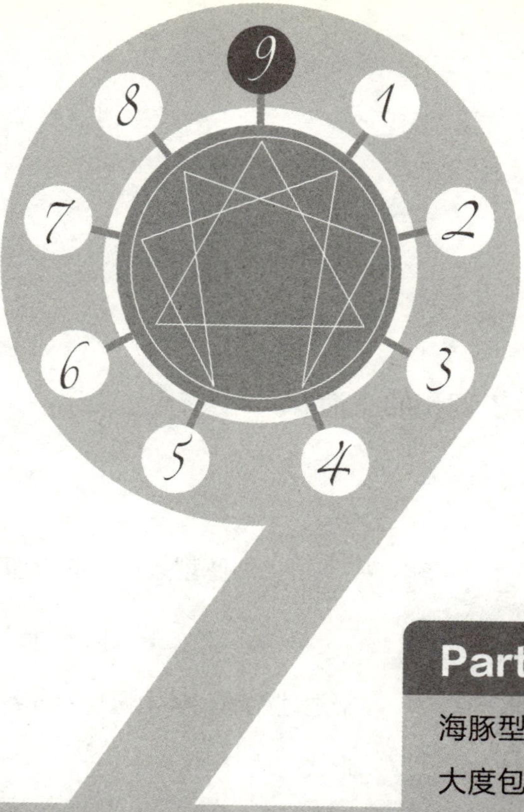

Part 10

海豚型：以和为贵，大度包容天下事

◎→最好的标签是从容淡定、悠闲泰然、与世无争

◎→不盲目追随潮流，崇尚顺其自然

◎→不善拒绝的老好人，不想看到变化和纷争

◎→能接纳所有的人和事，总是按照自己的节奏生活

◎→善于平复负面情绪，努力调解各方矛盾

◎→被称作和谐调停者、和平缔造者

性格认知：善于调和的“海豚”

1. 海豚型人格者的价值观

→渴望在和谐融洽的环境中舒适地生活，极力避免卷入各种形式的冲突中。

→对真正需要的东西关注不够，重要的事情往往放在期限将至的时候处理。

→为了保持随和亲切的形象，努力压制不良的情绪。

→擅长感知别人的需求，但自我意识不强，不懂如何拒绝别人。

→习惯于按部就班地工作和生活，不愿花费过多的精力去考虑复杂的事情。

2. 海豚型人格者的穿衣风格

→喜欢宽大而舒适的服装，穿在身上比较轻松、随意。

→不愿成为人们关注的焦点，对过于时尚的衣装没有兴趣。

→追求朴素自然，颜色淡雅，不喜欢炫目的颜色。

→衣服得体大方、普普通通是最好不过的。

3. 海豚型人格者的说话方式

→交谈的内容往往由对方决定，自己通常只是附和对方的观点。

→语调比较懒散，表达方式有点拖泥带水。

→说起话来慢条斯理，语速较慢。

→不喜欢明确表达观点，常常说一些比较中立的话语。

→语气平和舒缓，没有大的感情变化。

习惯用语有：随便、知道了、不清楚、等一下、再说吧、无所谓、听你的、由你决定、挺好的、都可以、都不错等。

4. 海豚型人格者肢体语言的特点

→目光柔和，很少显露锐利的锋芒。

→动作比较迟缓，总是一副不紧不慢的样子。

→身体柔软无力，看起来懒洋洋的。

→说话时偶尔会附带一些手势，但不会给人果断有力的感觉。

性格色彩：坚强博爱的青色

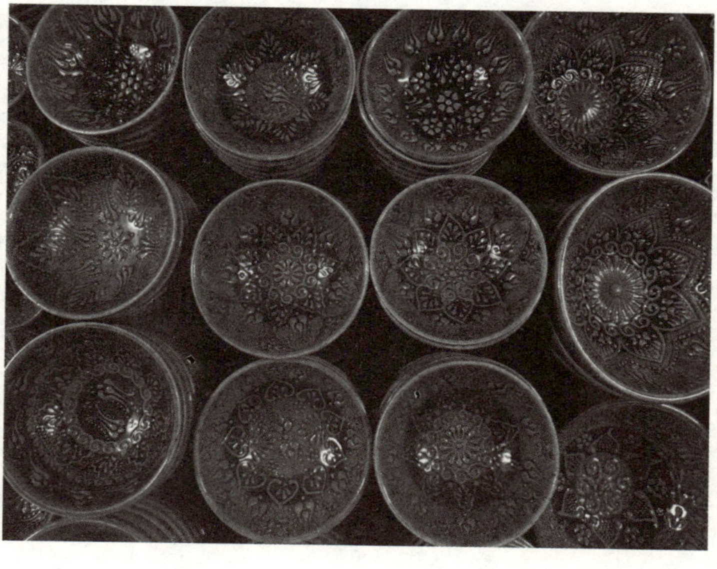

海豚型人格者性格温顺，最怕引起冲突，能以包容的姿态面对所有人。博爱的青色是他们最好的代表色。

海豚型人格者希望通过自己的努力去改变周围的环境，让自己生活在融洽和谐的环境中。为了实现这一目标，他们会坚持不懈。

海豚型人格者总是试图满足别人的愿望，这让他们很少拒绝别人的要求，甚至宁可牺牲自己的利益，也不愿驳回别人的请求。

刻意隐藏锋芒的“黏合剂”

海豚型人格者个性不够突出，常常给人一种没脾气的感觉。他们给人留下这种印象，并不一定是缺乏才能，更多是因为他们隐藏了自己的本色。

海豚型人格者渴望得到内心的和谐与安宁，不愿卷进任何纷争。他们会始终保持低调，尽量避免受到人们的关注。

海豚型人格者从不旗帜鲜明地表达观点，选择立场，也极少与别人争辩是非对错。

海豚型人格者行动迟缓，有一定的拖延症，工作效率不是很高。但是，他们有着常人难以企及的耐心和细致，又非常尊重被指导者，堪称最好的老师。

海豚型人格者善于将各种观点融合在一起，堪称团队中最有效的“黏合剂”。

无怨无悔，把对方当作生活中心

海豚型人格者是最好的倾听者，愿意无怨无悔地陪在伴侣身边。

海豚型人格者虽然看似迟钝，却具有极强的共情能力。他们能够深切地感受到对方的真实想法，轻而易举地走进对方心里。

海豚型人格者真正喜欢一个人的时候，会追求完全融合的情感关系。他们会给对方最多的自由选择权，将情感关系的主导权完全交给对方。

海豚型人格者常常将对方放在第一位，但对自己的真实感受体验不多。他们不习惯面对真实的自己，有时“全心全意地为他人着想”只是一个借口而已。

海豚型人格者渴望有人倾听他们的心声，以帮助自己找到最合适的定位。他们一旦下定决心，就会以坚持不懈的态度去做自己想做的事情。

沟通有诀窍，这样与“海豚”交流

海豚型人格者很注意照顾对方的情绪，尽量以对方感觉舒适的方式进行交流。大多数情况下，他们具有很强的包容性和亲和力。只有在对方的言行过于刻薄的情况下，他们才会做出一些含蓄的反抗行为。总体来说，他们是很好的沟通对象。但是，想要真正赢得他们的认可，就要尽量像他们一样，站在他们的角度上去考虑问题。

◎赞赏他们心胸宽广、态度真诚，具有超乎寻常的耐心。（√）

◎站在他们的角度上，考虑他们的感受和需要。（√）

◎对他们散漫、迟钝、态度含糊等缺点表示理解和接纳。（√）

◎珍视他们的善良，像对待朋友一样去对待他们。（√）

◎不只是让他们充当倾听者，也用心倾听他们的苦恼。（√）

◎当他们需要陪伴的时候，坚定地陪伴在他们身旁。（√）

◎帮他们完成一件他们兴趣浓厚却又担心难以完成的事情。（√）

◎让他们生活在节奏快、压力大的环境中。（×）

◎对他们施加压力，强迫他们做一些自己不喜欢的事情。（×）

◎只顾及自己，根本不考虑他们的感受和能力范围。（×）

◎利用他们的善良，以卑劣的手段为自己谋利。（×）

◎嘲讽他们的家人、朋友等他们亲近的人。（×）

“海豚”眼中其他八种类型的人

海豚型人格者眼中的蚂蚁型人格者

欣赏之处：蚂蚁型人格者能帮我理清思绪，给我许多有益的建议，让我的生活变得有条理。他们立场坚定，言出必行。他们做事效率很高，而且具有强大的工匠精神。他们的责任心很强，会为所做的事情负责到底。

不满之处：他们总是紧张兮兮的，有些杞人忧天，精神难以放松。他们总想督促我做得更好，让我觉得压力很大。他们觉得我没能实现他们的期待时，会变得很愤怒，无情地批评和斥责我。

海豚型人格者眼中的猎犬型人格者

欣赏之处：猎犬型人格者颇具爱心，充满热情，活泼开朗，知道怎么照顾别人，也了解我的需求，给我带来温暖和快乐。他们做事积极主动，不用我去督促。他们常常鼓励我发扬自己的优点，支持我践行自己的想法，让我体会到被重视和被需要的感觉。

不满之处：我无法满足他们的期待时，他们的情绪会变得很糟糕，并继续要求我去做他们想让我做的事。他们过分地向我索取关注，一旦感觉自己被忽略，他们就会毫不犹豫地收回自己的爱。

海豚型人格者眼中的雄鹰型人格者

欣赏之处：雄鹰型人格者有闯荡的勇气，积极向上，给人勇猛无畏的感觉。他们给我指出一个清晰、可实现的目标，让我远离迷惑和彷徨。他们非常自信，善于与人交往，能带动我的热情。

不满之处：他们常常显得非常忙碌，给我制造了很大的压力。他们通常无法放松心情来享受生活，即使是我陪在他们身边。他们个性张扬，高傲自大，总是批评我过于散漫。为了实现目标，他们有时会缺乏人情味。

海豚型人格者眼中的天鹅型人格者

欣赏之处：天鹅型人格者愿意向我敞开心扉，让我走进他们丰富而独特的感情世界。他们常常说一些充满灵性的独到见解，给我很多有益的启示。他们温柔而浪漫，善于发现和欣赏生活中各种美好的东西。

不满之处：他们身上偶尔会出现消沉和自卑的情绪，给我带来负面的影响。他们对失去的东西过分看重，却不懂得珍惜现在拥有的东西。他们希望自己的人生充满大起大落的戏剧性，喜欢安稳的我对此很不适应。他们总觉得我缺少情趣，希望用情感来影响我的生活。

海豚型人格者眼中的猫头鹰型人格者

欣赏之处：猫头鹰型人格者能认真倾听我的言论，并给我明确而中肯的建议。他们头脑聪明，才华惊人，时刻保持冷静。他们对我没有过多的要求，不会给我施加太大的压力。他们愿意和我一起享受静好的时光。

不满之处：他们内心孤傲，有时会因此得罪别人。他们常常对我的判断挑三拣四，想把自己的主观建议强加给我。他们感情淡漠，不好相处。他们在工作中十分被动，甚至比我的积极性还差。

海豚型人格者眼中的羚羊型人格者

欣赏之处：羚羊型人格者脚踏实地，信守诺言，思维缜密，凡事都要做好万全的准备。在发生问题之后，他们能淡然处之。他们能为我指出潜在的风险，也欣赏我淡定平和的心态，是忠实可靠的人。

不满之处：他们不明白我为何能始终保持平和的心态，总是反复提出相关的问题，并渴望我能耐心地予以解答。他们有时会小题大做，让自己变得情绪暴躁，这让我深感困扰。

海豚型人格者眼中的蝴蝶型人格者

欣赏之处：蝴蝶型人格者的好奇心很强，行动积极主动。他们对冒险活动充满渴望，也乐于与我分享他们的冒险趣事。他们心怀坚定的梦想，敢于为了梦想而奋勇拼搏。

不满之处：他们的想法变化太快，短时间内就会有截然不同的思路，我很难跟上他们的节奏。他们嫌我反应迟钝。他们压力太大时会突然失踪。他们过于自我，很少顾及我的感受。他们缺乏责任感，做事情常常虎头蛇尾。

海豚型人格者眼中的狮子型人格者

欣赏之处：狮子型人格者颇具实力，敢作敢为，热情主动，执行力令我惊叹。他们作风强劲，给我充满力量的感觉。他们具有爱心，会主动保护弱者。他们支持我表达情绪，还会替我做出很多我难以做出的决定。

不满之处：他们会怒火中烧地指出我的缺点，完全不顾及我的颜面。他们做事很粗蛮，不计后果，有时还会伤及无辜。他们觉得我过于软弱，所以对我视而不见。他们总想控制我，剥夺我的自由与安宁。

附录 APPENDIX

给不同人格类型者的建议

给蚂蚁型人格者的建议

蚂蚁型人格者常常担心无法控制自己，害怕任何一点不完美都会让自己失去立足的资本。这让他们备受紧张和焦虑的折磨。因此，蚂蚁型人格者应该从以下几个方面做出改善。

◎愤怒的时候，试着运用想象力来化解，而不是先尽力克制再喷涌而出。

◎接纳现实生活中的不完美，尽全力去寻找那些让你感到快乐的东西。

◎不要为了保持心理平衡而不断地埋怨别人，这只是在折磨自己。

◎重视细节是个优点，但过于纠缠细节则会削弱对全局的把控。

◎可以常常自我反省，但是不能随意地无情批判自己。须知妄自菲薄只会阻碍真正的自我完善。

◎不要让自己的生活被工作填满，那样就没有时间去思考自己究竟想要什么了。

◎不要给自己设置那么严苛的标准，不要强迫自己去做任何事情，学会顺其自然。

◎搞明白自己究竟想要做什么，而不是简单地将关注点放在自己应该做什么上。

◎适当妥协和采纳不同建议是必须学会的。要知道世界是复杂多样的，并不只有唯一的正确答案。

给猎犬型人格者的建议

猎犬型人格者面临的大部分问题都出现在情感关系上。他们渴望得到别人的爱，担心自己的付出无法获得相应的回报。这种心态让他们在不知不觉间从乐于助人的热心人变成粗暴干涉对方生活的监控者。因此，猎犬型人格者应该从以下几个方面做出改善。

◎为爱付出的一切，都不要以获得回报为前提。

◎行善之举应该被鼓励，但并不一定非要得到回报，不要强求对方对你感恩戴德。

◎要认识并承认自己潜在的控制欲比较强这一事实，尽量克服过分干预他人生活的缺点。

◎如果有让自己表现出无助感的倾向，就要警惕自己是否进入了不健康的状态。

◎不要对借助奉承来笼络他人的手段抱有过多的幻想，因为奉承他人可能会让你的焦虑情绪变得越发严重，得不偿失。

◎当你开始渴望变成一个不同于自己的人时，也许并不是因为你遇到了真爱。

◎正确看待自己在别人眼中所具有的价值，不能过分夸大自己的重要性，也不能妄自菲薄，过于自卑。

◎认识到自己的负面情绪也是真实自我的一部分，接纳完整的自我才能真正获得安全感。

◎有些时候，人们表现出的某些情感反应可能只是他们隐藏真实情感的面具，要想不被蒙蔽，就必须注意人们的其他反应。

给雄鹰型人格者的建议

雄鹰型人格者担心被人瞧不起，害怕自己无法赢得竞争，从而沦为舆论的笑柄。这让他们很容易在追求成功的道路上迷失自己，并在挫败中一蹶不振。因此，雄鹰型人格者应该从以下几个方面做出改善。

◎不能总想着怎样才能以最快的速度成功，而要时不时停下来，看看前进的方向，思考自己到底是谁，究竟想要什么。

◎心生困惑时，最好尽快放下手头的工作，确认自己内心的真实想法与感受。

◎不要变成一台只知道工作的加班机器，而要坦诚地面对被自己忽视已久的情感。

◎不要抱怨那些对你提出中肯批评的人，他们是真心为你好。

◎须知自己的公众形象和真实的自我并不完全相符，别把太多的时间和精力浪费在塑造虚假的公众形象上。

◎遇到困难就跳槽，这是逃避的表现，无法解决实际问题。

◎不要沉迷于幻想中的成功，脚踏实地地努力才有意义。

◎不要把别人看作离开你就什么都不行的笨蛋，以免过分高估自己的能力和贡献。

◎急于求成不可取，不能用外在的“成功”取代自己其他的真实需求。

◎被别人批评时，不要以为自己没有功劳也有苦劳，不该受到如此对待。

给天鹅型人格者的建议

天鹅型人格者常常觉得自己的性格存在致命的缺陷，担心自己会因为过于平凡而被替代。这使得他们倾向于在极度亢奋和极度抑郁两个极端状态中摇摆，以求找到与众不同的自我，最终被抑郁和痛苦折磨。因此，天鹅型人格者应该从以下几个方面做出改善。

◎兴趣爱好可以多一些。在不同的场合和环境结交不同的朋友，避免陷入自怨自艾的悲观情绪中。

◎强烈的情绪与真实感情并不是一码事，不要把两者混为一谈，而要学会清晰地分辨。

◎不能随意将自己遭受的痛苦归咎于别人，也不要总是认为自己与生俱来就是受害者。

◎坦然接受早年的缺失，一旦宣泄了悲伤情绪，就应该把不好的回忆放置一边。

◎当你感觉自己的情绪产生强烈变化时，要适当将注意力转移到别的地方，以免过分沉溺于情绪当中。

◎不要试图用强颜欢笑来隐藏负面情绪，只有坦然面对伤感，压抑的情绪才可能真正过去。

◎充分运用自己善于感受他人痛苦的长处，但不要只看着眼前的负面因素。

◎不要把关注点都放在长远的未来，也要学会关注当下，养成善始善终的习惯。

给猫头鹰型人格者的建议

猫头鹰型人格者唯恐自己没有私人空间，不想把自己宝贵的时间和精力浪费在处理人际关系上。长此以往，他们会变得越来越孤独，对社交关系越来越感到苦恼。他们很怕自己无法获取大量的知识，因为知识才能安抚他们心中的不安全感。因此，猫头鹰型人格者应该从以下几个方面做出改善。

◎不要吝啬于给予和付出，要学会与大家分享。

◎不要等着天上掉馅饼，机会要靠自己去主动争取。

◎不要用精神思考代替亲身实践，很多经验教训只有在亲身实践中才能有更加深刻的体会。

◎理性分析是无法完全取代情感体验的，两者各有优势，都是不可或缺且无法相互替代的。

◎学会表露自己的情感并试着接受别人的情感，一味逃避他人的情感需求是不可取的。

◎用心体会自己和别人相处时的感受，并将它与独处的感受进行比较，从而发现那些平时忽略的东西。

◎学会从自己的特殊研究中获得利益，将研究成果公之于众，而不只是让它被思考游戏湮没。

◎不要认为自己高人一头，应该学会与人合作。

◎为人不能过分贪婪，即使你不是上知天文，下知地理，你也已经比一般人知道的多得多了。

给羚羊型人格者的建议

羚羊型人格者对生活中的所有不确定因素都充满恐惧，害怕自己上当受骗或遭受挫折。这使得他们时刻被焦虑和不安困扰，被想象中的威胁吓到。因此，羚羊型人格者应该从以下几个方面做出改善。

◎尝试找到一个可以交心的朋友，与他分享自己内心的恐惧。

◎不要总是杞人忧天，通过实践来检验自己的焦虑是不是出于幻想。

◎对方表现出敌意时，先检查一下自己是不是让对方感觉受到了进攻的威胁。

◎头脑中不能总是浮现对方的缺点，也不要总是询问对方的观点。

◎不能按照统一的标准去要求所有人，不是每个人都能做到言行一致。

◎不是所有人都不守信用、不可信赖，要以不同的眼光去对待别人。

◎不能被那些糟糕的回忆影响心态，要多想想让自己感到快乐的事。

◎发挥想象力的正向作用，而不是在自我怀疑上自由畅想。

◎别把改变的过程想象得那么困难和复杂，相信自己能解决所有的问题，事情其实比你想象的简单得多。

给蝴蝶型人格者的建议

蝴蝶型人格者很担心愉悦的感觉忽然被夺走，害怕自己错过身边那么多的美好事物。这使得他们对享受快乐有高度的热忱，但越如此，他们的内心就越疲惫空虚。因此，蝴蝶型人格者应该从以下几个方面做出改善。

◎在没有更多的选择时，要学会保持镇定。

◎不要制订过多的计划，也不要参加过多的活动，这些都是你逃避现实的手段而已。

◎要明白自己应该承担的责任，认识到年龄增长和成熟的价值。

◎不要用丰富的想象力去感受痛苦，而要接受真实的体验。

◎学会勇敢面对痛苦，直到真正发现问题。

◎不要总认为自己应该获得某种特权，比你贡献更大的人多得是。

◎做事情不能总是半途而废或是虎头蛇尾，对重要的事情要许下承诺，并且要兑现承诺。

◎学会客观地评估自己，不要害怕别人的质疑，也不要自以为高人一等。

◎清楚地意识到自己不过是在用虚构的故事来逃避现实，不过是沉溺于表面上的快乐，内心并不充实。

给狮子型人格者的建议

狮子型人格者很害怕自己脆弱的一面被人看到，担心这个弱点可能被人抓住，进而使自己受到威胁。这使得他们常常故作强硬，以此来维护自己的强大形象，而内心却被与日俱增的不安全感时刻折磨着。因此，狮子型人格者应该从以下几个方面做出改善。

◎不能将斗争看作一种赢得信任的方式。

◎这个世界上并不是只有朋友和敌人，不能将人简单地分为两类，要允许他人发出不同的声音。

◎支配欲和真实的愿望并不能画等号，如果将二者混为一谈，那么结果必然是事与愿违的。

◎学会承认自己的错误，一味逞强并不能真正维护自己的面子。

◎学会控制自己的情感表达，稍微延迟一下可以减少发火甚至动手的情况。

◎不要把所有错误都归咎于外部原因，应该先从自己身上寻找根源。

◎出现负面情绪时，不要试图逃避，情绪低沉时恰恰能感受到真情实感。

◎追求公平和保护别人的想法是正确的，但是一定要克服自己破坏规则的欲望。

◎自己制定的秩序一定要遵守，事事都要以身作则。

给海豚型人格者的建议

海豚型人格者对任何形式的冲突都心存担忧，害怕自己卷入争执的旋涡。这使得他们一般不愿意表露自己的真情实感，导致内心因为过分压抑自我而深感痛苦。因此，海豚型人格者应该从以下几个方面做出改善。

◎意识到自己总是希望借助别人的认可来明确自己的定位。

◎认识到自己总会将别人的意见作为自己决策的依据，而忽视了自己的真实想法。

◎意识到自己在承受压力时尽管不会随便发火，但是会以被动的方式反抗。

◎要懂得设定期限和严格的时间表，以此帮自己集中精力。

◎要学会聚精会神地做事，而不能总被其他因素分心。

◎不能为了缓解情绪压力而将关注点放到一些不重要的事物上。

◎不要为了隐藏自己的真实想法而表现出困惑和犹豫不决。

◎不要为了别人就选择舍弃自己，要既能站在别人的角度上看待问题，又能坚持自己的立场去做事。

◎不要长时间地将个人观点隐藏在心底，而要把它完整地表达出来，让大家知道你到底在想些什么。